Laetitia Wittmann

Betriebliches Gesundheitmanagement in stationären Pflegeeinrichtungen

Die Rolle von Verhaltens- und Verhältnisprävention

Bibliografische Information der Deutschen Nationalbibliothek:

Die Deutsche Nationalbibliothek verzeichnet diese Publikation in der Deutschen Nationalbibliografie; detaillierte bibliografische Daten sind im Internet über http://dnb.d-nb.de abrufbar.

Impressum:

Ein Imprint der Open Publishing GmbH

Druck und Bindung: Books on Demand GmbH, Norderstedt, Germany

Covergestaltung: Open Publishing GmbH

Inhaltsverzeichnis

Zusammenfassung 5

Abkürzungsverzeichnis 6

Abbildungsverzeichnis 7

Tabellenverzeichnis 8

1 Einleitung 9

2 Methodik 14

2.1 Literaturrecherche 14

2.2 Experteninterview 16

3 Theoretischer Hintergrund 21

3.1 Relevante Begriffsdefinitionen 21

3.2 Entwicklungen des Arbeitsschutzes in Deutschland 23

3.3 Die Gemeinsame Deutsche Arbeitsschutzstrategie 24

3.4 Betriebliches Gesundheitsmanagement 26

4 Betriebliches Gesundheitsmanagement in der stationären Pflege 35

4.1 Studie: BGM in der Altenpflege 35

4.2 Arbeitsbelastungen der Pflegekräfte in der stationären Pflege 40

4.3 Ressourcen der Pflegekräfte in stationären Pflegeeinrichtungen 41

4.4 Umsetzung des BGM in der stationären Pflege 42

5 Betriebliches Gesundheitsmanagement im Demenz Zentrum XY 44

5.1 Hintergründe zum Betrieb 44

5.2 Auswertung des Experteninterviews 45

6 Schlussbetrachtung **47**

Anhang **49**

Anhang 1: Interviewleitfaden 49

Anhang 2: Darstellung des Ganzheitlichen Betrieblichen Gesundheitsmanagements 50

Anhang 3: Modell der Salutogenese von Antonovsky 51

Anhang 4: Soziodemographische Merkmale der Stichprobe 52

Anhang 5: Stichprobenzusammensetzung, Operationalisierung der Variablen 54

Anhang 6: Organigramm Pflegeeinrichtung XY 55

Anhang 7: Rechner Fehlzeiten Quote Pflege 56

Anhang 8: Experteninterview mit Einrichtungsleiter D. K. vom 08.08.2017 57

Literaturverzeichnis **63**

Zusammenfassung

Die vorliegende Arbeit „Betriebliches Gesundheitsmanagement in der stationären Pflege – die Rolle von Verhaltens- und Verhältnisprävention am Beispiel des Demenz Zentrums XY" beschäftigt sich einleitend mit dem demographischen Wandel und den daraus entstehenden Schwierigkeiten für die Gesellschaft. Im Besonderen wird die Problematik des Fachkräftemangels im Gesundheitswesen und der zunehmenden Pflegebedürftigkeit angesprochen. Daraus ergibt sich, dass mehr in die Gesundheit der bestehenden Mitarbeiter investiert werden muss. Die Bachelorthesis erläutert mithilfe einer gezielten Literaturrecherche das Konzept des Betrieblichen Gesundheitsmanagements (BGM) allgemein und erklärt im Näheren die Anwendung und Schwierigkeiten der Umsetzung in stationären Pflegeeinrichtungen.

Durch das Experteninterview mit Herr K., Einrichtungsleiter des Demenz Zentrums XY, wird deutlich, dass das BGM dort noch nicht wirklich implementiert ist. Deshalb ist die Schlussbetrachtung als Vergleich zwischen dem theoretischen Konzept des BGM und der tatsächlichen Umsetzung in der stationären Pflegeeinrichtung gestaltet. Hierbei wird abschließend festgestellt, dass die Umsetzung des Konzeptes noch Herausforderungen birgt. Wie Herr K. erwähnt, weist es Handlungsbedarf im Bereich der einheitlichen Umsetzung und der langfristigen Mitarbeitermotivation auf.

Abkürzungsverzeichnis

Abb.	Abbildung
AU-Tage	Arbeitsunfähigkeitstage
Anm. d. Red.	Anmerkung der Redaktion
AWO	Arbeiterwohlfahrt
BDA	Bundesvereinigung Deutscher Arbeitgeberverbände
BEM	Betriebliches Eingliederungsmanagement
BGF	Betriebliche Gesundheitsförderung
BGM	Betriebliches Gesundheitsmanagement
BGW	Berufsgenossenschaft für Gesundheitsdienst und Wohlfahrtspflege
bspw.	beispielsweise
bzgl.	bezüglich
bzw.	beziehungsweise
ca.	circa
DA	Deutsche Angestellten Krankenkasse
etc.	et cetera
e.V.	eingetragener Verein
GDA	Gemeinsame Deutsche Arbeitsschutzstrategie
ISO	Internationale Organisation für Normung
SMART-Prinzip	spezifisch, messbar, akzeptiert, realistisch, terminiert
SGB	Sozialgesetzbuch
Tbl.	Tabelle
u.a.	unter anderen / unter anderem
u.Ä.	und Ähnliche(s)
WHO	World Health Organisation
z.B.	zum Beispiel

Abbildungsverzeichnis

Abbildung 1 Ältere Menschen am Arbeitsmarkt: Statistik der Bundesagentur für Arbeit, 2016 10

Abbildung 2 Steigende Beschäftigung in den Gesundheitsberufen: Statistik der Bundesagentur für Arbeit, 2011 11

Abbildung 3 Anzahl der Demenzerkrankten bis 2050: Statistisches Bundesamt, 2012...12

Abbildung 4 Anteile der zehn wichtigsten Krankheitsarten an den AU-Tagen: DAK-Gesundheit, 2015. 13

Abbildung 5 Arbeitsbelastungen bei Altenpflegern, Berger et al., 2003 41

Abbildung 6 Ressourcen bei Altenpflegern, Berger et al., 2003 42

Tabellenverzeichnis

Tabelle 1 Recherchestrategieplan, eigene Darstellung 15

Tabelle 2 Einflüsse auf die Häufigkeit der Nutzung der Angebote des BGM: Dietrich et al., 2014 38

1 Einleitung

Geschichtlich betrachtet hat die Arbeit in den westlichen Industrieländern immer eine große Rolle gespielt, wobei sich Bedeutung und Funktion mehrmals grundlegend geändert haben. Die Menschen definieren sich in Bezug auf ihre Arbeit und schaffen gesellschaftliche Normalität, Positionen und Hierarchien. Die Überzeugung, dass Arbeit nicht krankmachen soll, ist historisch gesehen relativ neu. Sie entstand parallel zur Industrialisierung im 19. Jahrhundert und diente sowohl der Sicherung der Arbeitskräfte und auch der Herstellung eines gewissen sozialen Friedens. Auch aktuell finden in der Arbeitswelt tiefgreifende Veränderungsprozesse statt – der schnelle technische und der demographische Wandel sind nur zwei Beispiele hiervon.

Das Bundesministerium für Bildung und Forschung betont auf seiner Homepage, dass kaum eine Entwicklung Deutschland die nächsten Jahre so prägen wird wie die Veränderungen der Altersstruktur. Aufgrund sinkender Geburtenraten und steigender Lebenserwartung wird die Gesellschaft und somit auch der Anteil der Menschen am Arbeitsmarkt immer älter. Nach den Bevölkerungsvorausberechnungen des Statistischen Bundesamtes werden im Jahr 2023 knapp 13 Millionen Menschen zwischen 55 und unter 65 Jahre sein (Bundesagentur für Arbeit, 2017). Wie Abbildung 1 zeigt, hat sich die Erwerbstätigenquote stark verändert. Lag 2005 die Zahl der 55 bis unter 60-Jährigen noch bei 63,3%, so stieg sie innerhalb von zehn Jahren auf 77,2%. Die Arbeitswelt wird sich durch den demographischen Wandel verändern, und Betriebe müssen sich darauf einstellen, dass immer mehr ältere Personen beschäftigt sein werden. Die als „diversity" bezeichnete Entwicklung, dass immer mehr Menschen mit verschiedenen sozialen und kulturellen Hintergründen zusammenarbeiten, stellt Betriebe vor neue Herausforderungen; auch was die Vereinbarkeit von Familie und Beruf, berufliche Weiterqualifizierungen oder zielgruppenspezifische Gesundheitsförderung betrifft (Au, Sohn (Hrsg.), 2017).

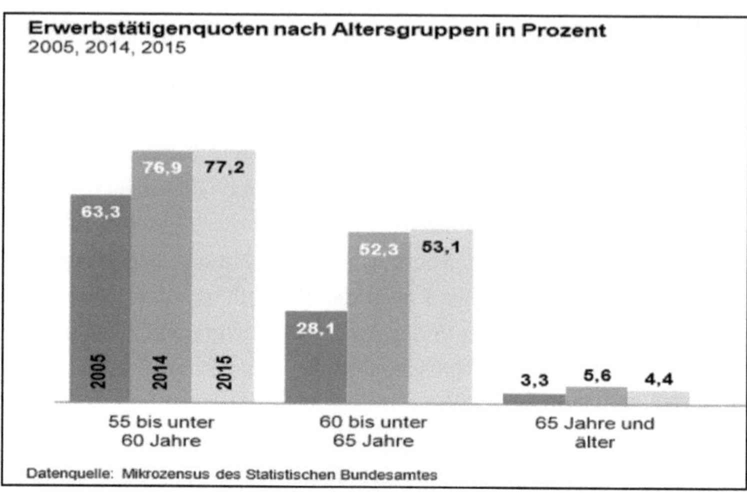

Abbildung 1 Ältere Menschen am Arbeitsmarkt: Statistik der Bundesagentur für Arbeit, 2016

Eine ebenso große Herausforderung stellt die Zunahme der Pflegebedürftigen dar. Die Bundesagentur für Arbeit prognostiziert, dass für das Jahr 2030 der Anteil der Bevölkerung auf 3,4 Mio. Pflegebedürftige steigt und diese demnach 4,4 % der Gesamtbevölkerung in Deutschland betragen (Bundesagentur für Arbeit, 2011). Demnach wird mit einem zusätzlichen Pflegekräftebedarf von ca. 325.000 Vollzeitkräften in der Altenpflege gerechnet (Rheinisch-Westfälisches Institut für Wirtschaftsforschung, 2011).

Die Beschäftigungsentwicklung verzeichnet im Gesundheitssektor ein deutliches Plus. Im Jahr 2010 waren 21% mehr in sozialversicherungspflichtigen Gesundheitsberufen beschäftigt als noch zehn Jahre zuvor.

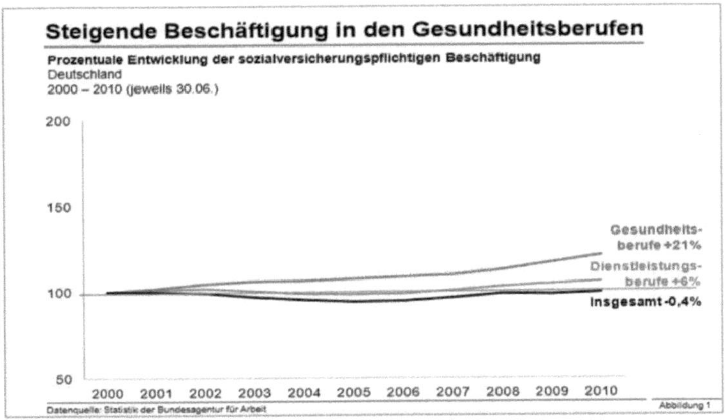

Abbildung 2 Steigende Beschäftigung in den Gesundheitsberufen: Statistik der Bundesagentur für Arbeit, 2011

Doch auch in diesem Sektor schlägt sich der demographische Wandel nieder. Im Jahr 2004 war noch jede sechste Arbeitskraft jünger als 25; sechs Jahre später war es nur noch jede siebte. Im Gegenzug dazu stieg der Anteil der älteren Arbeitskräfte an. Über 400.000 Arbeitskräfte sind im Alter von 45 – 49 Jahren, welches einen Anstieg von 62% bedeutet. Laut Bundesagentur für Arbeit lässt sich der Zuwachs u.a. durch die gestiegene Berufstätigkeit von Frauen erklären (Bundesagentur für Arbeit, 2011).

Doch der demographische Wandel ist nicht für alles verantwortlich. Die Gefahr der Demografisierung ist gerade in Gesundheitsberufen enorm hoch. Schwierigkeiten im Pflegeberuf können z.B. auch der Unterbesetzung, den Arbeitsbedingungen (v.a. Schichtarbeit und psychische Herausforderungen) oder den mangelnden Kompetenzen der Managementebene geschuldet sein (DAK-Gesundheit, 2015).

Dass es immer mehr Menschen mit Demenz geben wird und somit die psychische Belastung für die Pflegenden immer größer wird, zeigt unter anderem der Pflege-Report 2015 der DAK und das Statistische Bundesamt. Grundsätzlich geht aus den Daten hervor, dass die Anzahl der Betroffenen im Jahr 2050 auf über 2,5 Millionen

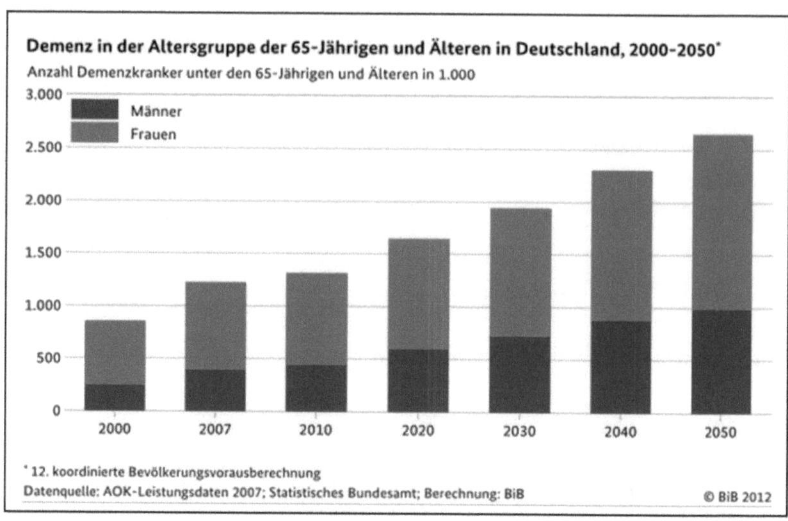

Abbildung 3 Anzahl der Demenzerkrankten bis 2050: Statistisches Bundesamt, 2012

geschätzt wird (Statistisches Bundesamt, 2012). Zeitgleich stieg auch die Zahl der Erkrankten im Gesundheitswesen. Der DAK-Gesundheitsreport 2015 zeigt auf, dass der Krankenstand im Gesundheitswesen die letzten 15 Jahre von 3,9% auf 4,5% angestiegen ist. Damit übersteigt diese Branche den Durchschnittswert von 3,8% (DAK-Gesundheitsreport, 2015). Wesentlich ist, dass Pflegende überdurchschnittlich stark von Krankheiten wie Muskel-Skelett-Erkrankungen (21,5% der Erkrankungstage) und auch psychischen Erkrankungen (14,6% der Erkrankungstage) betroffen sind (DAK-Gesundheit, 2015).

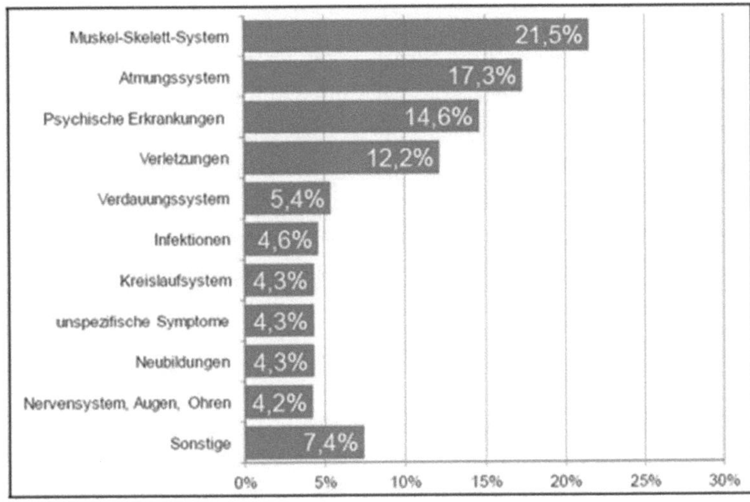

Abbildung 4 Anteile der zehn wichtigsten Krankheitsarten an den AU-Tagen: DAK-Gesundheit, 2015.

Beide Erkrankungsarten stehen stark im Zusammenhang mit den spezifischen Belastungen der Pflegetätigkeit, die sich durch geeignete betriebliche Präventionsmaßnahmen reduzieren lassen können.

Die vorliegende Arbeit beschäftigt sich mit dem Betrieblichen Gesundheitsmanagement, welches eine anerkannte Maßnahme ist, die Mitarbeitergesundheit zu fördern. Aufgrund der überdurchschnittlich hohen Anzahl an Fehlzeiten und den extrem hohen psychischen und physischen Belastungen ist es sinnvoll, am Beispiel einer stationären Pflegeeinrichtung für demenziell erkrankte Menschen zu sehen, wie das BGM angewandt wird. Hierfür dient das Demenz Zentrum XY welches sich auf demente und psychisch erkrankte Bewohner spezialisiert hat. Inwieweit das BGM dort umgesetzt wird, ist in Kapitel 5 erläutert.

2 Methodik

Folgendes Kapitel erläutert die ausgewählten Methoden, die zur Bearbeitung des oben genannten Forschungsfeldes relevant sind. Die vorliegende Bachelorarbeit ist keine reine Literaturanalyse, sondern zeigt durch das Experteninterview mit Einrichtungsleiter K. auch eine explorative Forschungsmethode auf. Genauer werden beim Abschnitt „Literaturrecherche" die Punkte „Suchstrategie" und „Auswahlkriterien" betrachtet. Beim Kapitel „Experteninterview" wird das Augenmerk vor allem auf das Erhebungsinstrument, den Interviewleitfaden und die Expertenauswahl gelegt.

2.1 Literaturrecherche

Zur Bearbeitung der vorliegenden Thematik erscheint zunächst eine Analyse der existierenden Fachliteratur als geeignete Methode, um einen theoretischen Überblick des Forschungsfeldes zu erhalten. Die Analyse dient der Systematisierung und Bewertung der Literatur und soll helfen, Themen zu identifizieren, welche einer genaueren Betrachtung bedürfen. Hierbei ist die Analyse aber mehr als eine reine Zusammenfassung schon erschienener Literatur. Die Forschungsmethode ist eine solide Grundlage, mit welcher es möglich ist, die bereits existierenden Erkenntnisse darzulegen und im Nachhinein aufzuzeigen, welche Forschungsbereiche noch intensiver untersucht werden sollen (Webster, Watson, 2002).

2.1.1 Suchstrategie

In der vorliegenden Arbeit wurde ein strukturierter Suchprozess durchgeführt, um relevante Literatur für die Analyse der zu behandelnden Thematik zu gewinnen. Über die Literatur- und Internetrecherche sollen Bücher, Zeitschriftenartikel und Aufsätze ermittelt werden, welche sich mit dem Thema „Betriebliches Gesundheitsmanagement" befassen. Hierbei erfolgte eine systematische Suche in den Datenbanken „Google Scholar,", "EZB" „Pub Med", dem Bundesamt für Statistik, dem „Online Public Access Catalogue" (OPAC) der Bayerischen Staatsbibliothek und dem OPAC der Technischen Universität München. Die Stichwörter für die Datenbanksuche wurden im Vorhinein nur vereinzelt festgelegt und intuitiv entwickelt. Auch wurde der Suchprozess dokumentiert. In nachstehender Tabelle wird festgehalten, welche Suchparameter, Aspekte und Synonyme miteinander verknüpft wurden. Dies macht eventuelle Nachforschungen oder Fragen nachvollziehbarer.

Aspekte			
Synonyme	BGM	Stationäre Pflegeeinrichtung	Verhaltensprävention/ Verhältnisprävention
	Betriebliches Gesundheitsmanagement	Altenpflegeeinrichtung	Akteure des BGM
	Betriebliche Gesundheitsförderung	Geriatrie	Maßnahmen des BGM
	Gesundheitsmanagement	Health care Management	Ziele des BGM

Tabelle 1 Recherchestrategieplan, eigene Darstellung

Verschiedene Firmen- und Wirtschaftsinformationen wurden z.B. den Internetauftritten der verschiedenen Krankenkassen entnommen. Alle Informationen bzgl. der Arbeiterwohlfahrt e.V. wurden der Internetseite des AWO-Verbandes entnommen oder entstammen dem Vorwissen der Verfasserin. Auch staatliche Quellen wie beispielsweise das Bundesamt für Statistik wurden in Betracht gezogen.

2.1.2 Auswahlkriterien und Stichwörter

Ein Kriterium bei der Literatursuche in oben genannten Datenbanken war der Veröffentlichungszeitpunkt. Es wurde Literatur gesucht, bei welcher das Erscheinungsjahr nicht länger als zehn bzw. zwölf Jahre zurückliegt. Der räumlich geographische Fokus wurde insbesondere auf Deutschland gelegt. Ebenso miteinbezogen wurden Länder der Europäischen Union, da diese in europäische Präventionsstrategien einbezogen sind. Trotzdem erfolgte eine Einschränkung dahingehend, dass bei der Literatur erkennbar sein musste, ob Deutschland in die Untersuchungen miteinbezogen war oder das Ergebnis auch für Deutschland verallgemeinerbar ist. Die Sprache wurde auf Deutsch und Englisch beschränkt, als Medium wurden Hausarbeiten und sonstige „graue Literatur" nicht berücksichtigt. Bei der ersten Einschätzung der gefundenen Internetquellen waren vor allem allgemeine Merkmale wichtig. Hierbei wurde auf die Darstellung des Artikels, Angaben zu Autoren oder Impressum und auf Referenzen bzw. auf ein Literaturverzeichnis geachtet. Bei „näherem Hinsehen" war vor allem bei Büchern relevant, ob das Abstract oder die Inhaltsangabe zum Thema „Betriebliches Gesundheitsmanagement" und „Verhaltens- und Verhältnisprävention" passt und auch „stationäre Pflegeeinrichtung" eine Rolle spielt.

Folgende Suchbegriffe wurden für die Recherche nach Publikationen zum Thema „Betriebliches Gesundheitsmanagement in stationären Pflegeeinrichtungen" verwendet: *Betriebliches Gesundheitsmanagement, Betriebliches Gesundheitsmanagement in stationären Pflegeeinrichtungen, Verhaltens- und Verhältnisprävention, Fehlzeitenreport, Health care Management, Bernhard Badura, Gesundheitsmanagement in der Geriatrie, Geriatrie, Schichtarbeit macht krank, Führung in Gesundheitsbetrieben.*

Zusätzlich wurden für den Methodenteil folgende Suchbegriffe eingegeben: *Experteninterview, Qualitative Sozialforschung, Experteninterview in der Forschung, empirische Sozialforschung, systematische Literaturanalyse, Literaturübersicht in der empirischen Sozialforschung, Methodik wissenschaftlichen Arbeitens.*

2.1.3 Literaturauswahl

Die Suche in oben genannten Datenbanken und Internetauftritten führte zur Ermittlung von ca. 25 thematisch relevanten Publikationen zum Thema „Betriebliches Gesundheitsmanagement in stationären Pflegeeinrichtungen" und „Verhaltens- und Verhältnisprävention und zu ca. 20 bedeutsamen Veröffentlichungen für den Methodenteil. Um die wissenschaftliche Relevanz der einzelnen Bücher und Artikel einschätzen zu können, wurden oben genannte Auswahlkriterien genutzt und die gefundene Literatur „angelesen" bzw. „quergelesen". Das Inhaltsverzeichnis und das Literaturverzeichnis der jeweiligen Lektüre wurde auf relevante Themen durchgearbeitet.

2.2 Experteninterview

Grundlegend werden in der empirischen Forschung zwei Möglichkeiten unterschieden, um zu einem Erkenntnisgewinn zu gelangen. Bei der quantitativen Methode handelt es sich um eine Vorgehensweise, welche mit mathematischen Analyseinstrumenten auf Grundlage des hypothetischen Realismus versucht, die objektive Realität genau zu Erkennen. Zum anderen spricht man von der qualitativen Methode. Diese Art der Datenerhebung ist eine nicht, oder nur wenig standardisierte Methode, wobei die Auswertung mit interpretativ-verstehenden Verfahren erfolgt. Hierbei wird allerdings keine statistische Repräsentativität erreicht, da nur Einzelfälle erfasst werden (Reuber et al., 2013). Im Folgenden wird die methodische Vorgehensweise des Experteninterviews, eine qualitative Datenerhebung, dargestellt. Zunächst wird das Erhebungsinstrument vorgestellt, dann folgen Angaben bzgl. der Erstellung des Interviewleitfadens und zur Expertenauswahl. Anschließend wird das Vorgehen bei der Datenerhebung sowie bei der Datenauswertung beschrieben.

2.2.1 Erhebungsinstrument

Eine Expertenbefragung oder ein Experteninterview ist eine aus der empirischen Sozialforschung entstandene Methode, welche qualitative Daten liefert. Sie dient der „Teilhabe an exklusivem Expertenwissen" (Bogner et al., 2005), welches für den Forscher normalerweise schwer zugänglich wäre.

Die Datenerhebung der Expertenbefragung erfolgte persönlich in einem Vieraugengespräch als teilstrukturiertes Interview. Charakteristisch ist hierbei, dass es sich quantitativ nicht auswerten lässt. Ebenso ist es an einen Leitfaden gebunden (Bogner et al., 2005). Ein wenig strukturiertes Interview hat unter anderem die Eigenschaft, dass die Gesprächsführung sehr flexibel gestaltet ist. Dies beruht darauf, dass der Befragende einerseits bestimmte Ziele mit den Fragen erreichen will, andererseits aber auch in hohem Maße die Erfahrungsbereiche des Befragten zu erkunden sucht (Atteslander, 2003).

Bei vorliegender Bachelorarbeit lässt sich das Erhebungsinstrument dem systematisierten Experteninterview nach Bogner zuordnen, jedoch sind auch Züge des explorativen Interviews vorhanden (Bogner et al., 2005). Der Interviewleitfaden ist ausdifferenziert, aber es wird keine völlige Informationsgewinnung angestrebt. Der offene Charakter des Gesprächs mit der Möglichkeit, dass der Experte für ihn wichtige Aspekte ansprechen kann, bestätigen dies.

2.2.2 Interviewleitfaden

Die Erstellung des Interviewleitfadens für die vorliegende Arbeit erfolgte in mehreren Schritten. Die Fragestellungen ergaben sich größtenteils aus den Schlussfolgerungen aus dem theoretischen Teil der Arbeit (vgl. Kapitel 3 und 4). Auch ein großes Interesse und die persönliche Anteilnahme durch die langjährige Tätigkeit der Verfasserin in der Einrichtung bereits vor der Erarbeitung des theoretischen Teils bildeten die Basis für die Entwicklung des Interviewleitfadens. Weitere Informationen aus dem E-Mail-Kontakt mit Frau Annalena Ecker, der Gesundheitsmanagerin beim AWO Bezirksverband Oberbayern, halfen bei der Erarbeitung weiterer thematisch relevanter Aspekte.

Die sich ergebenden Fragen aus Schritt eins wurden nun in möglichst neutrale und offene Fragen bearbeitet, um ergebnisoffene Antworten zu erhalten. Der Leitfaden (vgl. Anhang 1) wurde unterteilt in „Einstiegsfragen/Einführungsfragen", „Fragenblock 1: BGM; Implementierung in der Pflegeeinrichtung XY", „Fragenblock 2: Verhältnisprävention in der Pflegeeinrichtung XY", „Fragenblock 3: Verhaltensprävention in der Pflegeeinrichtung XY", „Fragenblock 4: Weiterführende Fragen" und „Abschluss/Dank". Der Interviewleitfaden beinhaltet Fragen, welche der objektiven Beurteilung des Sachverhaltes des Experten dienten. Bei anderen Fragen ging es explizit um die persönliche Meinung des zu Interviewenden oder um Beispiele bzw. Vorschläge von Seiten des Experten.

2.2.3 Expertenauswahl

Vorab ist zu klären, wer als Experte zu betrachten ist. Diesbezüglich sind in der Literatur differenzierte Sichtweisen und Angaben zu finden. Die freie Enzyklopädie Wikipedia bezeichnet einen Experten als Fachmann/Fachfrau, welche ein überdurchschnittlich umfangreiches Wissen auf einem Fachgebiet oder über spezielle Fähigkeiten verfügt (Wikipedia, 2017).

Bogner und Menz (2005) unterscheiden zwischen unterschiedlichen Betrachtungsweisen des Expertenbegriffs. Die voluntaristische Ansicht besagt, *„dass jeder Mensch mit besonderen Informationen, Fähigkeiten usw. für die Bewältigung des eigenen Alltagslebens ausgestattet ist, so dass man im weiteren Sinne von einem spezifischen Wissensvorsprung [...] sprechen kann"* (Bogner, Menz, 2005, S. 40). Bei dieser Sichtweise sind alle Menschen Experten ihres eigenen Lebens. Die konstruktivistische Ansicht unterscheidet laut Bogner und Menz (2005) zwei unterschiedliche Ansätze. Die erste methodisch relationale Perspektive beschreibt das „Expertensein" als Rolle, die über die Zuschreibung von Seiten der Akteure entsteht. Jene Akteure sind an der Aufklärung bzw. am Fachwissen des Experten interessiert. *„Als forschungspraktische Konsequenz ergibt sich [...], dass sich innerhalb von Organisationen auch auf niederen Hierarchieebenen erfolgreich nach Experten suchen lässt. Nicht immer [...] sind Leitende in repräsentativer Position auch die gesuchten Experten"* (Bogner, Menz, 2005, S. 40). Experte nach der sozialrepräsentativen Sichtweise ist jener, der gesellschaftlich zum Experten gemacht wird. *„Der Experte lässt sich in dieser Perspektive als Exponent eines einflussreichen „Fachmenschentums" (Weber 1980:576) beschreiben"* (Bogner, Menz, 2005, S. 41).

Sehr einflussreich geworden ist laut Bogner und Menz (2005) die wissenssoziologische Perspektive. Hierbei profiliert sich der Experte über seine spezifische Wissensstruktur. Er handelt mit sicherem und eindeutigem Wissen, welches dem Experten kommunikativ und reflexiv zur Verfügung steht. Laut Bogner und Menz (2005) wurde die Definition von Sprondel spezifiziert. Expertenwissen bezieht sich demnach auf ein Sonderwissen, dass im Gegensatz zu allgemeinem Wissen komplexe Wissensbestände umfasst und auch konstitutiv auf die Ausübung eines

Berufes bezogen ist (Bogner, Menz, 2005). Meuser und Nagel (2005) nehmen in ihren Ausführungen Bezug auf diejenigen Experten, welche selbst ein Teil des Handlungsfeldes sind, das den Forschungsgegenstand ausmacht. Ob jemand hierbei als Experte in Frage kommt, ist in erster Linie vom jeweiligen Forschungsinteresse abhängig. Demnach wird als Experte gesehen, wer in irgendeiner Art und Weise Verantwortung für den Entwurf, die Implementierung oder die Kontrolle einer Problemlösung trägt und ebenso über einen privilegierten Zugang zu Informationen über Personengruppen verfügt (Meuser, Nagel, 2005).

Die Definition von Meuser und Nagel (2005) erscheint als Grundlage für die vorliegende Arbeit plausibel und zielführend.

Im Vorfeld wurde der Einrichtungsleiter des Demenz Zentrums XY per E-Mail angeschrieben, der seit bereits 14 Jahren dort als Heimleitung Tätig ist. Somit verfügt er über einen privilegierten Zugang zu Informationen und durch die langjährige Erfahrung hat der Experte einen besonderen Wissensstand. Zudem ist er als Einrichtungsleiter Teil des Handlungsfeldes, welches den Forschungsgegenstand ausmacht.

2.2.4 Durchführung

Vor dem eigentlichen Interview fand ein Pretest statt. Dieser soll dazu dienen, den Leitfaden zu evaluieren. Der Pretest zeigt auf, ob die Fragen klar verständlich sind, inhaltlich alle notwendigen Themenbereiche abgedeckt werden und Fragen logisch gegliedert sind. Auch für eine grobe zeitliche Einschätzung der Interviewdauer ist der Pretest von Vorteil. Das von Flick empfohlene Interviewtraining, welches vor allem behilflich ist, Interviewfehler zu vermeiden oder einen besseren Umgang mit dem Leitfaden zu haben, wurde nicht durchgeführt (Flick, 2007). Der Test erfolgte mit einer für die vorliegende Arbeit ausgewählten Expertin. Einige Fragen wurden in Folge dessen umstrukturiert bzw. weggelassen. Zusätzlich kamen mehrere weiterführende Fragen hinzu, welche, wie oben genannt, Fragenblock 4 abdecken.

Das Interview fand am 8. August 2017 im Büro des Einrichtungsleiters K. statt. Schon im Vorfeld wurde der Experte mit dem Leitfaden vertraut gemacht und über die Zielsetzung, den Ablauf und die Rahmenbedingungen des Interviews informiert. Auf eine Audioaufnahme während des Interviews wurde verzichtet – stattdessen wurden Notizen von Seiten des Interviewers gemacht. Das Gespräch verlief in einer angenehmen Atmosphäre und dauerte ca. 50 Minuten.

2.2.5 Datenauswertung

Nach Bogner et al. (2005) ist es grundsätzlich problematisch, die Informationen eines Experten als objektiv zu betrachten. Bogner et al. (2005) gehen noch einen Schritt weiter und bezeichnen diese Annahme als naiv. Sie vermerken, dass Experteninterviews einen erhöhten Reflexionsbedarf aufweisen. Bei dem vorliegenden, teilstrukturierten Leitfadeninterview nimmt der Befragte eine größere Rolle ein als z.B. bei einem standardisierten Interview, da er aktiv an der Gestaltung der Gesprächssituation beteiligt ist (Bogner et al., 2005). Dies kann zu Verzerrungseffekten führen, welche ein Indiz für die grundsätzliche Unschärfe von qualitativer Forschungsmethoden sind. Zusätzlich können die Daten nicht quantitativ ausgewertet werden. Somit weisen sie eine begrenzte Reliabilität auf und werden von den Autoren als unreife Vorstufe zum eigentlichen Forschungsprozess bezeichnet (Bogner et al., 2005).

Bei der vorliegenden Bachelorarbeit soll jedoch kein Beweis einer These angestrebt, sondern Expertenwissen über eine spezielle, stationäre Pflegeeinrichtung dargestellt werden. Somit wird auch kein Expertenwissen miteinander verglichen oder anderes Expertenwissen erhoben. Deshalb erscheint der explorative Ansatz des Experteninterviews als ausreichend bzw. als gut geeignet. Die Ergebnispräsentation des Interviews finden Sie in Kapitel 5 der vorliegenden Arbeit.

3 Theoretischer Hintergrund

Die Ergebnisse der systematischen Literaturrecherche zur vorliegenden Thematik werden in folgendem Absatz näher beschrieben. Zuerst werden relevante Begriffsdefinitionen aufgeführt, daraufhin wird auf die Entwicklung des Arbeitsschutzes in Deutschland eingegangen. Auch theoretische und rechtliche Grundlagen des Betrieblichen Gesundheitsmanagements werden erläutert, wobei im Besonderen das Salutogenese Modell von Antonovsky und das P-S-O Modell von Kastner vorgestellt werden. Auch Ziele und Maßnahmen des BGM werden erläutert – das Augenmerk wird hauptsächlich auf Verhaltens- und Verhältnisprävention gelegt. Abschließend werden die Akteure, die zur Implementierung des Konzeptes beitragen, aufgeführt.

3.1 Relevante Begriffsdefinitionen

Zuerst wird der Gesundheitsbegriff aus verschiedenen Perspektiven betrachtet, bevor „psychische Belastung und psychische Beanspruchung" definiert werden. Im Anschluss erfolgt eine konkrete Unterteilung der drei unterschiedlichen Präventionsarten mit jeweiligen Beispielen.

3.1.1 Gesundheit

Der Begriff „Gesundheit" ist ein historisch und kulturell vielseitiger Begriff, welcher sowohl subjektiv als auch objektiv gesehen werden kann. Es gibt deshalb eine Vielzahl von Definitionen aus unterschiedlichen wissenschaftlichen Disziplinen. Der Philosoph Nietzsche beispielsweise definierte den Gesundheitsbegriff sehr subjektiv und sagte: *„Gesundheit ist dasjenige Maß an Krankheit, das es mir noch erlaubt, meinen wesentlichen Beschäftigungen nachzugehen"* (Zurhorst, Gottschalk-Mazouz, 2008). Monika Krohwinkel sah die Begrifflichkeiten aus der pflegewissenschaftlichen Sicht und identifizierte das Wohlbefinden und die Unabhängigkeit als subjektiv empfundene Teile der Gesundheit: Krankheit aber auch Gesundheit sind dynamische Prozesse, die für den Bereich Pflege als Fähigkeiten und Defizite erkennbar sind (Krohwinkel, 1992).

Dass Gesundheit eine Fähigkeit zur Problemlösung und Gefühlsregulierung ist, durch die ein positives seelisches und körperliches Befinden – insbesondere ein positives Selbstwertgefühl – entsteht, hat der deutsche Soziologe Bernhard Badura festgelegt (Badura et al., 1999). Die ausführlichste und am passendsten erscheinende Auslegung entstammt der World Health Organisation (WHO). 1986 wurde im Rahmen einer gesundheitspolitischen Tagung der Gesundheitsbegriff durch die WHO weit gefasst:

„Gesundheit wird von Menschen in ihrer alltäglichen Umwelt geschaffen und gelebt: Dort, wo sie spielen, lernen, arbeiten und lieben. Gesundheit entsteht dadurch, dass man sich um sich selbst und für andere sorgt, dass man in die Lage versetzt ist selber Entscheidungen zu fällen und eine Kontrolle über die eigenen Lebensumstände auszuüben, sowie dadurch, dass die Gesellschaft, in der man lebt, Bedingungen herstellt, die all ihren Bürgern Gesundheit ermöglichen" (WHO, 1986, S. 2).

Der Gesundheitsbegriff wird von der WHO also auch auf die unterschiedlichen Lebenswelten ausgedehnt und beinhaltet u.a. den Einfluss gesundheitsförderlicher Bedingungen in der Arbeitswelt.

3.1.2 Psychische Belastung und psychische Beanspruchung

Auch der Terminus „psychische Belastung und psychische Beanspruchung" spielt im Zusammenhang mit der Mitarbeitergesundheit eine zentrale Rolle. Die Begrifflichkeiten werden in der Norm DIN EN ISO 10075 „Ergonomische Grundlagen bzgl. psychischer Arbeitsbelastung" dargestellt. Psychische Belastung wird als „die Gesamtheit aller erfassbaren Einflüsse, die von außen auf den Menschen zukommen und psychisch auf ihn einwirken" beschrieben (Au, Sohn (Hrsg.), 2017). Die psychische Beanspruchung *„ist die unmittelbare Auswirkung der psychischen Belastung im Individuum in Abhängigkeit von seinen jeweiligen überdauernden und augenblicklichen Voraussetzungen einschließlich der individuellen Bewältigungsstrategien"* (Au, Sohn (Hrsg.), 2017, S. 54).

3.1.3 Prävention

Prävention im Zusammenhang mit Gesundheit bedeutet, dass Maßnahmen eingesetzt werden, welche das Eintreten einer Krankheit verhindern bzw. verzögern. Prävention setzt also an der Krankheit an und nicht an der Gesundheit. Bereits 1964 wurden für die Bezeichnung „Prävention" drei Unterscheidungen eingeführt.

3.1.3.1 Primärprävention

Die Primärprävention zielt darauf ab, eine allgemeine Krankheitsverhütung zu bewirken, noch bevor die Krankheit aufgetreten ist und so die Inzidenz einer Krankheit zu verringern. Als Beispiel kann man hier den Impfschutz aufführen (Hurrelmann, Altgeld (Hrsg.), 2007).

3.1.3.2 Sekundärprävention

Als Sekundärprävention bezeichnet man die Maßnahmen, welche der Früherkennung und damit der Möglichkeit einer rechtzeitigen Behandlung von Erkrankungen dienen. Ziel ist es, die Krankheit frühestmöglich zu diagnostizieren. Daraus leitet sich ab, dass sich die Sekundärprävention gezielt an Personen mit bestimmten Risikofaktoren wendet. Allgemein gelten als Beispiel Screening- oder Vorsorgeuntersuchungen, die eine Aufdeckung von oftmals symptomlosen Erkrankungen ermöglichen sollen (Hurrelmann, Altgeld (Hrsg.), 2007).

3.1.3.3 Tertiärprävention

Typisch für die Tertiärprävention ist, dass sie das Fortschreiten oder das Eintreten von Komplikationen bei einer bereits manifestierten Krankheit verhindert. Der Krankheitszustand soll durch Folgeerkrankungen oder Rückfälle nicht verschlechtert werden und die Wiederherstellung von Gesundheit und Arbeitsfähigkeit fördern. Liegt bspw. eine kardiovaskuläre Erkrankung vor, so zielen alle tertiärpräventiven Maßnahmen darauf ab, einen weiteren Infarkt z.B. durch Rauchentwöhnung zu verhindern (Hurrelmann, Altgeld (Hrsg.), 2007).

3.2 Entwicklungen des Arbeitsschutzes in Deutschland

Im Jahr 1996 trat das Arbeitsschutzgesetz, allgemein als Arbeitsschutzrahmenrichtlinie, in Kraft und. Mit diesem Rechtsrahmen ergab sich für Deutschland eine Neuausrichtung des betrieblichen Arbeits- und Gesundheitsschutzes, welcher Aspekte des physischen, psychischen und sozialen Wohlbefindens der Arbeitnehmer miteinbezieht. Allerdings fordert das Gesetz auch eine grundlegende Änderung des innerbetrieblichen Arbeitsschutzkonzeptes: technische Standards oder Grenzwerte werden nicht mehr strikt festgelegt, sondern betriebliche Gestaltungsmöglichkeiten innerhalb des Rechtsrahmens verlangen ein Umdenken in den Betrieben. Mit dieser Anforderung an ausnahmslos alle Beteiligte (Management, Fachkräfte, Beschäftigte) wird die Bedeutung der Prävention gestärkt – Arbeit soll gesundheitsgerecht geplant, gestaltet und verbessert werden. Auf Basis des Arbeitsschutzgesetzes ist jeder Arbeitgeber verpflichtet, eine Gefährdungsbeurteilung der Arbeitsbedingungen im Betrieb durchzuführen und vor allem die psychische Belastung der Arbeit mitaufzunehmen. Psychische Belastungen können im Zusammenhang mit der Arbeitsaufgabe, der Arbeitszeit, den sozialen Beziehungen zur Führungsebene/Kollegen oder der Arbeitsumgebung auftreten. Ebenso wurde festgelegt, dass die betriebliche Aufbau- und Ablauforganisation

Aspekte des Arbeits- und Gesundheitsschutzes angemessen implementiert und beispielsweise Arbeitsabläufe so gestaltet sind, dass sie den Schutzzielen des Arbeitsschutzgesetzes entsprechen (Au, Sohn (Hrsg.), 2017).

2013 wurde das Gesetz novelliert. Nun fallen auch psychische Belastungen unter das Arbeitsschutzgesetz. Dennoch wird diskutiert, ob das vergleichsweise neue Feld der psychischen Belastungen durch eine eigene Verordnung zu regeln sei, um es für Unternehmen handhabbarer zu machen. Nicht nur das Bundesministerium für Arbeit und Soziales, die Arbeitgeberverbände oder die Gewerkschaften ergreifen vielfältige Initiativen, um den Schutz vor psychischen Erkrankungen zu verbessern, auch die Unfallversicherungsträger oder die Krankenkassen tragen dazu bei, um branchenspezifische Informationen und Handhabungshilfen bereit zu stellen (Au, Sohn (Hrsg.), 2017).

3.3 Die Gemeinsame Deutsche Arbeitsschutzstrategie

Die Gemeinsame Deutsche Arbeitsschutzstrategie (GDA) ist eine konzentrierte Aktion von Bund, Ländern und Unfallversicherungsträgern. Sie soll zur Stärkung von Sicherheit und Gesundheit am Arbeitsplatz beitragen und schafft die Grundlage für ein angeglichenes Handeln der Träger, um gemeinsame Ziele des Arbeitsschutzes zu erreichen. Weitere Akteure wirken an der GDA mit: der Deutsche Gewerkschaftsverbund und die Bundesvereinigung Deutscher Arbeitgeberverbände (BDA). Gesetzlich verankert ist die GDA seit November 2008 mit der Reformierung des Arbeitsschutzgesetzes und dem SGB VII. Grundlegend arbeitet die GDA an der Balance zwischen Wirtschaftswachstum, Flexibilität und humaner Qualität der Arbeit (Europäische Kommission, 2017). Um die Zusammenarbeit dauerhaft zu verbessern, wurden für die Beratung und Überwachung der Betriebe bestimmte Leitlinien entwickelt, welche sich auf folgende Punkte reduzieren lassen:

- In allen 16 Bundesländern werden Rahmenvereinbarungen zwischen den Arbeitsschutzbehörden der Länder und den Unfallversicherungen abgeschlossen. Diese beinhalten die verbindliche Festlegung der Zusammenarbeit.
- Die GDA-Träger verfolgen gemeinsame Grundsätze für die Beratungen und Überwachungen der Betriebe.
- Um Betriebsbesichtigungen effizienter zu gestalten, wird ein IT-gestütztes Daten- und Informationsaustauschprogramm geschaffen.

- Schaffung einer praktikablen Leitlinie, deren Ziel es ist, Komplexität zu vermeiden und Vorschriften aufeinander abzustimmen.

Die derzeitige GDA-Periode, welche sich auf die Jahre 2013-2018 erstreckt, stellt folgende Themen in den Mittelpunkt: Betriebliche Organisation des Arbeitsschutzes – Arbeitsschutz mit Methode, Informationen zum Arbeitsprogramm: Muskel-Skelett-Erkrankungen – Prävention macht stark – auch deinen Rücken und Schutz und Stärkung der Gesundheit bei arbeitsbedingter psychischer Belastung, Stress reduzieren – Potenziale entwickeln.

Ersteres Thema hat es sich zum Ziel gesetzt, Betriebe bei der Organisation des Arbeitsschutzes zu unterstützen. Unternehmen können über den „GDA-ORGAcheck" (Online-Tool oder Papierform des Instruments) die Schwachstellen in ihrer Organisation analysieren und Verbesserungsmaßnahmen ergreifen.

Das zweite Thema beschäftigt sich mit der Verringerung von arbeitsbedingten Gesundheitsgefährdungen und Erkrankungen im Muskel-Skelett-Bereich. Hier liegen die wesentlichsten Ursachen für Arbeitsunfähigkeit, hohen Behandlungskosten oder Ausfallzeiten. Dieser Programmpunkt wendet sich vor allem an Beschäftigte im Gesundheitswesen.

Das letzte Kernthema betont die Wichtigkeit der adäquaten Berücksichtigung psychischer Erkrankungen im Arbeits- und Gesundheitsschutz. Ziel ist es dabei, Gesundheitsrisiken durch psychische Belastung zu vermeiden. Über die Gefährdungsbeurteilung gelingt vorab ein guter „Einstieg" in dieses Thema, doch handelt es sich bei dieser Beurteilung immer um die Gestaltung der Arbeit – nicht um die Beurteilung der psychischen Verfassung oder Gesundheit der Beschäftigten. Anzustreben wäre deshalb, dass Maßnahmen der Betrieblichen Gesundheitsförderung, gleichfalls die Integration psychisch Erkrankter, methodisch mit den Arbeitsschutzmaßnahmen verflochten werden. Dem Arbeits- und Gesundheitsschutz kommt also eine wichtige Bedeutung zu, denn er gibt Rahmenbedingungen vor, innerhalb derer die Arbeit gesundheitsgerecht und persönlichkeitsfördernd gestaltet werden muss. Er leistet einen wesentlichen Beitrag zum Erhalt der Beschäftigungsfähigkeit und ist ein wichtiges Element zur Sicherung der Leistungsfähigkeit (Au, Sohn (Hrsg.), 2017).

Gleichzeitig wird deutlich, dass angesichts des raschen Wandlungsprozesses der Arbeitswelt eine große Herausforderung für alle Beteiligten bevorsteht. Durch den demographischen Wandel, Flexibilisierung der Arbeit, der aktuellen Flüchtlingsbewegung nach Deutschland und auch durch die Globalisierung entstehen immer mehr atypische Beschäftigungsverhältnisse wie Leiharbeit, Teilzeittätigkeit oder Befristete Beschäftigungen (Bundeszentrale für politische Bildung, 2009). Vor allem durch die immer älter werdenden Arbeitnehmer verschärft sich die Situation in den Betrieben im Hinblick auf die Mitarbeitergesundheit. Der Krankenstand ist eine der Kennzahlen, die zur Beurteilung des Erfolges von betrieblichen Maßnahmen zur Gesundheitsförderung eingesetzt werden. Die Betrachtung des Krankenstandes reicht jedoch nicht aus, um zu beurteilen, wie „gesund" das Unternehmen tatsächlich ist, denn viele Mitarbeiter kommen noch zur Arbeit, auch wenn ihre Arbeitsfähigkeit deutlich eingeschränkt ist. Die Anwesenheit am Arbeitsplatz trotz Krankheit wird Präsentismus genannt. Die Produktivitätsverluste durch jenes Phänomen spürt das Unternehmen z.B. anhand von mangelnder Qualität, sinkender Motivation und auch steigender Fluktuation. Aufgrund dieser Erscheinung müssen Unternehmen erkennen, dass der Erhalt der Gesundheit und Leistungsfähigkeit ihrer Mitarbeiter die höchste Priorität haben soll. Diese Notwendigkeit haben inzwischen viele Unternehmen erkannt, oftmals mangelt es jedoch in der Praxis. Es gibt kein strukturiertes und auf das Unternehmen abgestimmtes Konzept, sondern Einzelaktionen, deren Wirkung schnell wieder nachlässt. Nicht selten ist die Angst vor hohen Kosten (Managementseite) oder Missbrauch persönlicher Daten (Arbeitnehmerseite) ein Grund dafür, dass es keine konkrete Umsetzung im Unternehmen gibt (Au, Sohn (Hrsg.), 2017). Nachfolgendes Kapitel soll die Bedenken gegen ein Betriebliches Gesundheitsmanagement und vor allem gegen die Betriebliche Gesundheitsförderung widerlegen und aufzeigen, dass sich das Konzept sowohl für den Arbeitnehmer als auch für den Arbeitgeber positiv auswirkt.

3.4 Betriebliches Gesundheitsmanagement

Das Betriebliche Gesundheitsmanagement, kurz BGM, ist die Entwicklung betrieblicher Strukturen und Prozesse. Jene haben das Ziel, die gesundheitsförderliche Gestaltung von Arbeit und Organisation und auch die Befähigung zum gesundheitsfördernden Verhalten der MitarbeiterInnen zu unterstützen. Zum BGM gehört neben dem klassischen Arbeits- und Gesundheitsschutz auch die Gesundheitsförderung und die Bereiche Personalpflege und -entwicklung. Das BGM „sorgt" dafür, dass alle Strukturen und Prozesse des Unternehmens so ausgelegt sind, dass sie die Mitarbeitergesundheit fördern und unterstützen (Badura et al., 2010). Das Konzept wird somit als systematische und strukturierte Vorgehensweise sowie als Kooperations- und Koordinierungsaufgabe der Management- und

Beschäftigtenebene verstanden, die ihre Angebote aufeinander abstimmt (Kiesche, 2013).

3.4.1 Theoretische und rechtliche Grundlagen für das BGM

Zu den wichtigsten Rechtsgrundlagen im Rahmen des Betrieblichen Gesundheitsmanagements gehört das Arbeitsschutzgesetz, welches der Durchführung von Maßnahmen zur Verbesserung der Sicherheit und des Gesundheitsschutzes der Beschäftigten dient. Um Aktivitäten des BGM zu fördern, können die Krankenkassen betriebliche Strategien im Gesundheitsmanagement zu unterstützen. Laut §20a SGB V entwickeln sie Angebote für Beschäftigte, die auf die individuelle Prävention abzielen. Auch helfen diese mit Prozessbegleitung und Seminarangeboten bei der Umsetzung und Entwicklung von Projekten des BGM (Kiesche, 2013).

2012 wurde die DIN SPEC 91020 (Spezifizierung einer Norm) mit dem Titel „Betriebliches Gesundheitsmanagement" veröffentlicht, in der festgelegt wurde, welche Ansprüche an das BGM gestellt werden. Mit der Spezifizierung wurde die ISO 9001-2008 aktualisiert und um die Themen „Führungsverhalten" und „Mitarbeiterorientierung" erweitert (Au, Sohn (Hrsg.), 2017).

Auch die schon beschriebene Gefährdungsbeurteilung und die GDA-Leitlinien werden ein immer wichtigeres Element des Betrieblichen Gesundheitsmanagements. Das Konzept verfolgt einen ganzheitlichen Ansatz und weist Schnittstellen u.a. zum Arbeitsschutz, Fehlzeitenmanagement oder dem Betrieblichen Eingliederungsmanagement (BEM) auf. Das BGM verknüpft die in den Handlungsfeldern gewonnenen Erkenntnisse (Kiesche, 2013) und kann bildlich als „Dach" über den Punkten Arbeits- und Gesundheitsschutz, BGF und BEM dargestellt werden (siehe Anhang 2).

Nachfolgend werden in diesem Abschnitt der vorliegenden Bachelorarbeit zwei theoretische Modelle erläutert, welche als Grundlage für das Betriebliche Gesundheitsmanagement dienen.

3.4.1.1 Salutogenese von Antonovsky

In den 1970er-Jahren entwickelte der Medizinsoziologe Aaron Antonovsky das Modell der Salutogenese („salus" lateinisch: „Unversehrtheit" oder „Gesundheit" und „genese" lateinisch: „Entstehung"). Hauptmerkmal des Modells ist, dass Gesundheit kein Zustand ist, sondern als Lebensphasen überdauernder Prozess zu verstehen ist. Demnach befindet sich der Mensch zwischen den Punkten „Krankheit" und „Gesundheit" und die jeweilige Position ergibt sich aus den Wechselbeziehungen zwischen den belastenden Faktoren (Stressoren) und den schützenden Faktoren (Widerstandsressourcen). Antonovsky wollte herausfinden, warum manche Menschen trotz widriger Umstände gesund sind und fand Einflussgrößen, welche sich auf das Gesundheitsverhalten eines Menschen auswirken:

- der soziokulturelle und historische Hintergrund, aus dem sich Widerstandsreserven entwickeln,
- die psychosozialen, generalisierten Widerstandsfähigkeiten,
- Lebenserfahrung,
- das endo- und exogene Potential von Stressoren.

Grundannahme ist der Kohärenzsinn, welcher sich aus den Komponenten der Verstehbarkeit, Handhabbarkeit und Sinnhaftigkeit zusammensetzt. Die Verstehbarkeit bezeichnet die Fähigkeit, eine Situation auf ihre Ursache hin zu analysieren, während die Handhabbarkeit das Wissen um die eigenen Ressourcen bezeichnet. Unter Sinnhaftigkeit versteht Antonovsky die Sinnhaftigkeit/ den Sinn eines Bewältigungsversuches (Lorenz, 2016).

Die Gesundheit im Modell der Salutogenese wird nicht nur durch den Umgang mit den Anforderungen, sondern auch mit den Ressourcen beeinflusst und gelenkt. Ebenfalls spielen die Lebens- und Arbeitsverhältnisse eines jeden Menschen eine große Rolle. Der Gesundheitsbegriff wird also von den Eigenschaften einer Person und dessen Lebensumfeld geprägt (Lorenz, 2016).

Das Modell der Salutogenese von Antonovsky wird im Anhang 3 abgebildet.

3.4.1.2 P-S-O-Modell von Kastner

Das Person-Situations-Organisations-Modell von Michael Kastner ist ein Rahmenkonzept, welches das Verhalten von Menschen in Organisationen erfasst. Das P-S-O-Modell stellt mögliche Stressoren und Ressourcen für das Individuum dar und berücksichtigt zeitgleich Interaktionen zwischen persönlichen, situativen und organisationsbezogenen Einflüssen. Die Faktoren Person, Situation und Organisation werden nicht einzeln betrachtet, sondern über ihre Affinität in einem Schnittmengenmodell beschrieben. Positive Veränderungen im Leistungs- und Gesundheitsverhalten werden bewirkt, wenn Person, Situation und Organisation die „Stellschrauben" sind, welche man systemisch, systematisch und effizient optimiert. So entstehen langfristig präventive und interventive Aktivitäten, während

Kosten und Nutzen dabei in einem „gesunden" Verhältnis zueinanderstehen (Au, Sohn (Hrsg.), 2017).

Zusammenfassend lässt sich ableiten, dass das Modell von Antonovsky beschreibt, wie Arbeit gestaltet sein muss, damit sie gesunderhaltend wirkt. Das P-S-O-Modell von Kastner hingegen stellt dar, welche Punkte verändert werden müssen, um die Leistung und Gesundheit zu beeinflussen und wie verbunden die drei Faktoren miteinander sind. Beide Grundlagenmodelle zeigen auf, dass Führungskräfte einen großen Einfluss auf die Gesundheit ihrer Mitarbeiter haben, denn sie gestalten die Arbeitsbedingungen und sind im P-S-O-Modell für die „Situation" und „Organisation" verantwortlich (Au, Sohn (Hrsg.), 2017).

3.4.2 Ziele des Betrieblichen Gesundheitsmanagement

Für den Arbeitgeber steht die Gesundheit der Mitarbeiter zunächst nicht an erster Stelle. Erst durch den Zusammenhang des wirtschaftlichen Erfolgs des Unternehmens mit der Leistungsfähigkeit / Leistungsunfähigkeit der Mitarbeiter rückt die Gesundheit der Arbeitnehmer in den Fokus. Das BGM verfolgt Ziele, welche sowohl dem Beschäftigten als auch dem Unternehmer von Nutzen sind – gesunde Mitarbeiter in einer gesunden Organisation (Au, Sohn (Hrsg.), 2017).

3.4.2.1 Ziele für die Beschäftigten

Ziel des Betrieblichen Gesundheitsmanagement für den Beschäftigten ist es, Stress zu reduzieren und einen verbesserten Umgang mit erhöhter Arbeitsbelastung zu fördern. Zudem soll die Arbeitszufriedenheit, das Gesundheitsbewusstsein und die Gesundheitskompetenz erhöht und gestärkt werden, sowohl ein gesünderes Verhalten in Beruf und Freizeit angestrebt werden. Die Maßnahmen richten sich grundsätzlich an alle Mitarbeiter, aber auch an bestimmte Mitarbeitergruppen wie beispielsweise Auszubildende, ältere Mitarbeiter oder Alleinerziehende (Kiesche, 2013).

3.4.2.2 Ziele für den Unternehmer

Die erfolgreiche Initiierung eines Betrieblichen Gesundheitsmanagements trägt zum wirtschaftlichen Erfolg eines Unternehmens bei. Fehlzeiten, Präsentismus und Arbeitsunfälle werden reduziert, während zeitgleich die Produktivität, Qualität und die Mitarbeiterzufriedenheit steigt. Durch eine automatische Verbesserung des Betriebsklimas entsteht eine stärkere Bindung an das Unternehmen und die Mitarbeiterfluktuation sinkt. Da Kosten eingespart werden können (z.B. Kosten für Überstunden, Lohnfortzahlungen, Einarbeitung), kann sich die wirtschaftliche Leistungsfähigkeit des Unternehmens insgesamt erhöhen (Au, Sohn (Hrsg.), 2017), (Kiesche, 2013).

3.4.3 Maßnahmen des Betrieblichen Gesundheitsmanagement

Die Betriebliche Gesundheitsförderung (BGF) ist eine Teildisziplin des Betrieblichen Gesundheitsmanagement. Hier steht die aktive Förderung der Mitarbeitergesundheit im Vordergrund. Es gibt zwei Ebenen, auf denen Betriebe ansetzen können, um die Gesundheit ihrer Mitarbeiter zu sichern und zu fördern: zum einen die Organisation und die Arbeitsumgebung und zum anderen die Ebene der Person/des Mitarbeiters und dessen Verhalten. Vor dem Hintergrund des ganzheitlichen Gesundheitsverständnisses zielt das BGM gleichermaßen auf die Stärkung der Handlungskompetenz des Einzelnen (Verhaltensprävention) wie auf die gesundheitsförderliche Gestaltung der Arbeitsverhältnisse (Verhältnisprävention) ab (Bendig et al., 2016), (Kiesche, 2013), (Bode, 2012).

Kiesche formuliert es so: *„Ein modernes Gesundheitsmanagement muss nach wissenschaftlichen Erkenntnissen sowohl auf Verhaltensprävention als auch auf Verhältnisprävention basieren [...]. Dabei werden alle aktuellen Informationen und weitere arbeitsmedizinische Erkenntnisse berücksichtigt und umgesetzt. Die daraus abgeleiteten Maßnahmen dienen der Erhaltung der Gesundheit und der Steigerung des Wohlbefindens sowie der Beibehaltung der Leistungsfähigkeit der Arbeitnehmer am Arbeitsplatz. In diesem Sinne dient die vorliegende Regelung somit auch der Zukunftssicherung und Wertschöpfung des Unternehmens“* (Kiesche, 2013, S. 23f).

Folgender Abschnitt erläutert beide Maßnahmenarten und deren Bedeutung für den Beschäftigten und den Unternehmer.

3.4.3.1 Verhaltensprävention

Interventionen der Verhaltensprävention legen den Schwerpunkt auf eine Person und beeinflussen die individuelle Haltung der Beschäftigten. Ziel ist es, das Verhalten am Arbeitsplatz gesundheitsgerecht zu gestalten und einen gesunden Lebensstil zu unterstützen. Ein Augenmerk liegt auch auf den persönlichen Ressourcen, welche die eigene Widerstandsfähigkeit stärken. Der Beschäftigte ist so gegen gesundheitliche Beschwerden oder Erkrankungen gewappnet. Auch das Angebot von transparenten Beschwerdewegen, Unterstützung in Konfliktsituationen in Form eines Coaches oder verantwortungsvolles Führungsverhalten in Bezug auf Ergonomie oder psychischen Belastungen zählen zur Verhaltensprävention. Ebenso verhält es sich mit Sucht und Suchtmittelmissbrauch. Diesem entgegenzuwirken und rechtzeitige Hilfsangebote an gefährdete und abhängige Beschäftigte anzubieten, zählt auch zu verhaltenspräventiven Maßnahmen. Für den Arbeitgeber meint Verhaltensprävention genau, dass jener beispielsweise Kurse zu den Themen Bewegung, Ernährung und Sucht befürwortet oder eine Rückenschulung anbietet. Die Effekte dieser Maßnahmen sind meist nur kurz- bis mittelfristig, da sie nur wirken, wenn diese vom Individuum auch in Anspruch genommen werden (Kiesche, 2013), (Bode, 2012). Konkret bedeutet das für den Beschäftigten, eventuelle Gewohnheiten aufzugeben, den Tagesablauf anders zu gestalten und offen für Neues zu sein, um die eigene Gesundheit zu fördern.

3.4.3.2 Verhältnisprävention

Verhältnisbezogene Präventionen zielen auf eine Veränderung der Arbeitsbedingungen ab und versuchen mit technischen, organisatorischen, biologischen und sozialen Bedingungen, das Umfeld zu optimieren. In gleichem Maße werden Risiken und Ressourcen zur Gesunderhaltung angesprochen (salutogenetischer Ansatz) und ein Bezug zum Unternehmen hergestellt. Diese Maßnahmen betreffen somit Personengruppen oder ganze Arbeitssysteme. Maßnahmen wie ein betriebliches Fitnesscenter, Rauchverbot in öffentlichen Bereichen, „gesunde Pause" oder die ergonomische Gestaltung von Arbeitsplätzen zählen zur Verhältnisprävention. Auch die Verbesserung der Vereinbarkeit von Familie und Beruf in Form von alternativen Arbeitszeitmodellen fällt darunter. Besonders bedeutend ist in der Verhältnisprävention die gesundheitsgerechte Führung. Psychische Risikofaktoren können vermieden und/oder abgebaut werden, indem die Führungskräfte die Rahmenbedingungen maßgeblich gestalten. Sie stehen im direkten Austausch mit ihren Mitarbeitern und haben somit auch eine Vorbildfunktion. Die Maßnahmen der Verhältnisprävention sind in der Regel mittel- bis langfristig, da die betrieblichen Strukturen dauerhaft verändert werden und nicht von einzelnen Mitarbeitern abhängig sind. Für den Mitarbeiter bedeuten verhältnispräventive Maßnahmen eine Optimierung des Arbeitsplatzes und keine individuelle Strategie (Kiesche, 2013), (Bode, 2012).

Die Unterscheidung beider Präventionsarten kann nicht immer eindeutig bestimmt werden. Beide Ansätze bedingen sich wechselseitig, da die Maßnahmen der einen Gruppe häufig Teile aus der anderen Präventionsart zumindest impliziert. Ebenso erfolgt die Differenzierung häufig auf unterschiedlichen Grundlagen, welche entweder auf dem Ziel der Intervention, dem Analyseverfahren oder der Interventionsmethode beruhen (Bode, 2012). Trotzdem wird ein gleichrangiger

Ansatz der Verhalten- und Verhältnisprävention angestrebt. Kiesche: *„Vor dem Hintergrund eines ganzheitlichen Gesundheitsverständnisses zielt das Gesundheitsmanagement gleichermaßen auf die Stärkung der Handlungskompetenz des/der Einzelnen zur Erhaltung der eigenen Gesundheit (Verhaltensprävention) wie auf die gesundheitsförderliche Gestaltung der Arbeitsverhältnisse (Verhältnisprävention)"* (Kiesche, 2013, S. 34).

3.4.4 Akteure des Betrieblichen Gesundheitsmanagements

Nur wenn die Ziele des BGM nach dem SMART-Prinzip klar und messbar gestaltet sind, können die Akteure das Konzept langfristig, nachhaltig und erfolgreich umsetzen. Eine klare Festlegung ist unerlässlich für einen gelingenden Prozess und die Implementierung des BGM muss in die Betriebsroutine erfolgen (Kiesche, 2013). SMART bedeutet hierbei:

- Spezifisch: die grundlegende Frage ist, was genau erreicht werden möchte. Konkrete Zielformulierungen sind das A und O der Implementierung.
- Messbar: nur durch Messen der zu den Zielvorstellungen passenden Kennzahlen (z.B. Fluktuation senken) kann überprüft werden, ob das Betriebliche Gesundheitsmanagement auch den erwünschten Effekt erzielt.
- Akzeptiert: beim BGM ist es notwendig, dass die Beschäftigten in alle konkreten Projekte und Entscheidungen miteinbezogen sind und die Zielvorstellungen nicht nur von Seiten des Managements, sondern auch von der Mitarbeiterseite akzeptiert werden. Partizipation im BGM bedeutet einerseits die aktive Beteiligung der Mitarbeiter am gesamten Prozess und andererseits deren Befähigung zum gesundheitsförderlichen Verhalten.
- Realistisch: klar ist, dass die Ziele des BGM realistisch gestaltet werden müssen und nur bedingt Kapazitäten und Ressourcen in den Unternehmen vorhanden sind.
- Terminiert: bei der Umsetzung der theoretischen Zielsetzung in die Praxis ist es von Nöten, dass klar festgelegt wird, welche kurz- oder langfristigen Ziele zu welchem Zeitpunkt erreicht werden sollen (Au, Sohn (Hrsg.), 2017).

Wie in vorherigem Kapitel schon erwähnt, erfordert das Betriebliche Gesundheitsmanagement eine Kooperation zwischen den Ebenen und eine Vernetzung der Handelnden ist für den Erfolg des Konzeptes wichtig. Bei der Implementierung des BGM sind diverse Akteure beteiligt, die in folgendem Abschnitt näher beschrieben werden:

Die *Unternehmensleitung* formuliert strategische Gesundheitsziele und deren Umsetzung in Form von geeigneten Analyseinstrumenten, welche zur Zielerreichung führen und stellt die nötigen Ressourcen zur Verfügung. Die Mitarbeiter werden frühzeitig vom Unternehmensleiter über die Vorgänge informiert. Der *Betriebsarzt* berät den Arbeitgeber nicht nur bzgl. der Arbeitsplatzergonomie oder unter welchen Bedingungen leistungsschwächere Mitarbeiter eingesetzt werden können. Er erhält im Rahmen der arbeitsmedizinischen Vorsorge auch Kenntnisse über individuelle gesundheitliche Probleme der Mitarbeiter. Kiesche äußert sich so: *„Der Betriebsarzt/die Betriebsärztin hat kein Weisungsrecht, sondern ist beratend und unterstützend tätig. Er/sie unterstützt und berät in Abstimmung mit der Fachkraft für Arbeitssicherheit insbesondere die Führungskräfte zu deren Aufgaben/Pflichten im Rahmen des Arbeitsschutz- und Gesundheitsmanagements und entwickelt dazu auch Fortbildungsangebote bzw. führt eigene Informationsveranstaltungen durch"* (Kiesche, 2013, S. 65).

Sicherheitsbeauftragte stehen als Experten ihrer Arbeitssituation für den Arbeitsschutz und beraten den Arbeitgeber in allen Fragen der Sicherheit und Gesundheit der Beschäftigten. Der Sicherheitsbeauftragte unterstützt den Unternehmer beim Erhalt sicherer und gesundheitsgerechter Arbeitssysteme. Wie oben erwähnt, arbeitet die Fachkraft für Arbeitssicherheit eng mit dem Betriebsarzt zusammen und schlägt Maßnahmen vor, wie Gefährdungen am Arbeitsplatz reduziert werden können.

Der Obliegenheit eines *Gesundheitsbeauftragten* ist es, im Verlauf der Implementierung des BGM als Bindeglied zwischen den handelnden Akteuren zu fungieren. Der Beauftragte soll betriebswirtschaftliches und gesundheitsökonomisches Wissen mitbringen, um eine beratende und unterstützende Funktion als Prozessmanager einzunehmen.

Die *Mitarbeitervertretung* soll bereits bei der Formulierung der Ziele des BGM miteingebunden sein. Sie vertritt die Perspektive der Mitarbeiter und kann ein Sprachrohr für die Kommunikation der Maßnahmen an die Beschäftigten sein.

Krankenkassen sind ebenfalls am BGM beteiligt. SGB V §20a besagt, dass Krankenkassen Leistungen zur Betrieblichen Gesundheitsförderung - z.B. Rückenschule, Stressbewältigungstraining - erbringen. Zudem haben diese die Aufgabe, die zuständigen Unfallversicherungsträger über Erkenntnisse zu informieren, die sie über Zusammenhänge zwischen Erkrankungen und Arbeitsbedingungen abgeleitet haben (Au, Sohn (Hrsg.), 2017), (Kiesche, 2013).

4 Betriebliches Gesundheitsmanagement in der stationären Pflege

Das vorangegangene Kapitel beschreibt das Konzept des Betrieblichen Gesundheitsmanagement in der Theorie. Dieser Abschnitt der vorliegenden Bachelorarbeit widmet sich der Umsetzung des BGM in stationären Pflegeeinrichtungen. Speziell wird die Studie von Dietrich, Rößler, Bellmann und Kirch dargestellt, welche Unterschiede und Einflussfaktoren hinsichtlich der Angebote des BGM und deren Nutzen in bayerischen, stationären Pflegeeinrichtungen untersuchten. Ziel der Studie ist es, die Effekte der Nutzung von Angeboten des betrieblichen Gesundheitsmanagements durch die Pflegekräfte auf deren gesundheitliches Wohlbefinden zu schätzen. Ebenso legt der Abschnitt dar, ob das BGM bzw. die BGF tatsächlich geeignet sind, die Gesundheit der Mitarbeiter in stationären Pflegeeinrichtungen zu fördern.

4.1 Studie: BGM in der Altenpflege

Dieser Teil der Bachelorthesis erläutert die Studie von Dietrich et al. und geht dabei auf die Methodik, die Instrumente, die Datenauswertung und die Ergebnisse der Erhebung ein. Auch wird die Studie diskutiert und Kritik an der Untersuchung geübt.

4.1.1 Methodik

Um eine Stichprobe zu erhalten, wurde eine Liste aller in Bayern bekannten Altenpflegeeinrichtungen mit offenen und geschlossenen Stationen erstellt. Über verschiedene Datenbanken und Landratsämter wurden die Adressen erhoben, so dass am Ende 319 Einrichtungen auf der Liste standen (n = 319). Damit alle Varianten von Einrichtungen berücksichtigt werden, wurde die Stichprobe anhand der vorher festgelegten Verteilung (Stratifizierung nach Regierungsbezirk (7 Stück) und Trägerschaft (freigemeinnützig, öffentlich oder privat)) gezogen. Erfolgte eine Zusage der Heime, wurden 24 Fragebögen zur Befragung an die Pflegekräfte gesandt. Mindestens zehn Fragebögen sollten von den Mitarbeitern ausgefüllt und zurückgesandt werden. Die Datenerhebung fand von 04/2010 – 01/2011 statt (Dietrich et al., 2015).

4.1.2 Instrumente

Die Erhebung der Daten erfolgte mit einem mehrteiligen Fragebogen. Der erste Teil erhob soziodemographische Daten (Individualebene), der zweite Teil fragte konkrete Daten zu subjektiv empfundenen Belastungen und Beanspruchungen ab (Stationsebene). Im dritten Teil wurden detaillierte Fragen zum betrieblichen Gesundheitsmanagement gestellt. Der zweite Teil wurde mit Hilfe des Fragebogens „DigA-Diagnose gesundheitsförderlicher Arbeit" erhoben. Der genannte Fragebogen wurde zur Schwachstellen- und Potentialanalyse im Rahmen der BGF entwickelt. Er basiert auf der Stresstheorie, der Handlungsregulationstheorie sowie auf dem salutogenetischen Konzept von Antonovsky und umfasst 24 Skalen zu den Themen Arbeitsbelastungen, Arbeitsressourcen, Gesundheitsbeeinträchtigungen und positiven Gesundheitsindikatoren. Die Fragen können mit einer fünfstufigen Skala beantwortet werden und sind in Aussageform formuliert. Zusätzlich wurden in leitfadengestützten Telefoninterviews weitere Informationen bzgl. bereits praktizierter Maßnahmen und Konzepten erfasst, welche dem Erhalt und der Förderung der Arbeitsfähigkeit von Pflegekräften in der Altenpflege dienen. Das Arbeitsfähigkeitskonzept diente als Kriterium und Leitpunkt für die verschiedenen Fragen. Die gewonnenen Daten aus den leitfadengestützten Telefoninterviews bildeten die Einrichtungsebene ab. Die Datenauswertung erfolgte mit dem Statistikprogramm SPSS (Dietrich et al., 2015).

4.1.3 Datenauswertung

Aus verschiedenen Items des Fragebogens DigA wurden vier Gesundheitsindikatoren konstruiert:

- Somatische Beschwerden (organische, sogenannte funktionelle Beschwerden),
- Psychische Erschöpfung,
- Gereiztheit/ Belastetheit,
- Psychische Befindens Beeinträchtigung.

Die Auswertung erfolgte mit deskriptiven und induktiven statistischen Methoden unter Einbezug der in Anhang 4 dargestellten Variablen. Damit die Effektstärken einzelner Variablen miteinander verglichen werden können, wurden die metrischen abhängigen und unabhängigen Variablen z-standardisiert. Nach der Standardisierung wurde das Modell in 4 Schritten (entsprechend den Ebenen) in Abhängigkeit von den signifikanten Einflussfaktoren entwickelt und das abschließende Modell wurde mit den bedeutsamsten und einflussnehmenden Variablen aus allen Ebenen erstellt. Die Bestimmtheitsmaße R^2 wurden nach Snijders und Bosker berechnet (Dietrich et al., 2015).

4.1.4 Ergebnisse

Insgesamt konnten 805 Fragebögen von Pflegekräften ausgewertet sowie 31 Experteninterviews mit Führungskräften aus 53 stationären, bayerischen Pflegeeinrichtungen verwendet werden. Die Abbildung der Stichprobenzusammensetzung bzw. die Operationalisierung der Variablen ist in Anhang 5 dargestellt. Der Schwerpunkt der Studie liegt in den vier oben genannten Gesundheitsindikatoren. Nachstehende Tabelle (Tbl. 2) stellt das komplette Modell der Einflussfaktoren auf die allgemeine Häufigkeit der Nutzung der Angebote im Rahmen des BGM dar. Entscheidend ist, dass Mitarbeiter, welche die Angebote des betrieblichen Gesundheitsmanagements nutzen, signifikant geringer durch körperliche Beschwerden (β = -0222; p = 0,009), psychische Erschöpfungszustände (β = -0,199; p = 0,017), Gereiztheit und Belastetheit (β = -0,231; p = 0,005) und psychische Befindens Beeinträchtigung (β = -0,216; p = 0,007) belastet sind als Beschäftigte, welche diese Angebote nicht nutzen. Die Variable „männlich" auf der Individualebene und „Zeitdruck" auf der Stationsebene wurde als wichtiger Einflussfaktor festgestellt. Maßnahmen des betrieblichen Gesundheitsmanagements haben bei regelmäßiger Nutzung also einen positiven Effekt auf das subjektive Erleben von Beanspruchung und Belastung von Pflegekräften in stationären Einrichtungen. Die Führungskräfte können durch gezielte Beeinflussung der identifizierten Faktoren vor allem auf der Stationsebene die Wahrscheinlichkeit der Nutzung von Angeboten im Rahmen des BGM erhöhen und sollten die Chance nutzen, die Mitarbeiter langfristig in diesem Bereich zu fördern (Dietrich et al., 2015).

Abhängige Variable	Somatische Beschwerden	Psychische Erschöpfung	Gereiztheit/Belastetheit	Psychische Befindensbeeinträchtigung
Station geschlossen	−0,126	−0,150[a]	−0,165[b]	−0,152[b]
	(0,133)	(0,059)	(0,017)	(0,045)
Station beides	0,201	−0,149	−0,218[a]	−0,219[a]
	(0,147)	(0,264)	(0,081)	(0,085)
Alter	0,109[c]	0,102[c]	0,017	0,141[c]
	(0,002)	(0,003)	(0,603)	(0,000)
Männlich	−0,503[c]	−0,319[c]	−0,328[c]	−0,365[c]
	(0,000)	(0,000)	(0,000)	(0,000)
PHK Ausbildung	−0,170[a]	−0,268[c]	−0,337[c]	−0,273[c]
	(0,051)	(0,002)	(0,000)	(0,001)
HK ohne PBA	0,115	0,100	0,097	0,134
	(0,208)	(0,263)	(0,268)	(0,118)
AZ > 30	0,191[b]	0,249[c]	0,269[c]	0,284[c]
	(0,010)	(0,001)	(0,000)	(0,000)
Zeitdruck	0,193[c]	0,295[c]	0,275[c]	0,313[c]
	(0,000)	(0,000)	(0,000)	(0,000)
Arbeitsplatzunsicherheit	0,113[c]	0,130[c]	0,065[b]	0,126[c]
	(0,001)	(0,000)	(0,044)	(0,000)
Arbeitsorganisation	−0,146[c]	−0,100[c]	−0,209[c]	−0,148[c]
	(0,000)	(0,005)	(0,000)	(0,000)
BGM selten	−0,010	0,044	0,069	0,036
	(0,933)	(0,711)	(0,556)	(0,757)
BGM manchmal	−0,112	−0,033	0,076	0,006
	(0,194)	(0,694)	(0,354)	(0,945)
BGM regelmäßig	−0,222[c]	−0,199[b]	−0,231[c]	−0,216[c]
	(0,009)	(0,017)	(0,005)	(0,007)
Const	0,586[c]	0,364[c]	0,376[c]	0,394[c]
	(0,000)	(0,006)	(0,003)	(0,002)
Random Effects				
Var (Einrichtung)	0,023	0,025	0,015	0,018
SE (Einrichtung)	0,027	0,030	0,015	0,027
N	805	805	805	805
R^2	0,16	0,21	0,24	0,27

[a]p = 10%
[b]p = 5%
[c]p = 1%
p-Werte in Klammern

Tabelle 2 Einflüsse auf die Häufigkeit der Nutzung der Angebote des BGM: Dietrich et al., 2014.

4.1.5 Diskussion

Auch Dietrich et al., 2015 kommen zu dem Fazit, dass das betriebliche Gesundheitsmanagement nicht separat gesehen werden kann, sondern ein Konzept implementiert werden soll, welches in das bestehende System der Einrichtung eingebunden werden kann. *„Um positiv auf die identifizierten Einflussfaktoren einwirken zu können, muss das betriebliche Gesundheitsmanagement einen multidisziplinären Ansatz verfolgen […]* (Dietrich et al., 2015, S. 8). Neben dem vielseitigen Ansatz hängt der Erfolg des BGM auch davon ab, dass die Mitarbeiter die Maßnahmen regelmäßig nutzen. Um eine möglichst hohe Quote zu erzielen, müssen die bisherige Nutzung und die Bedürfnisse zielgruppenspezifisch ausgerichtet werden. Hier ist vor allem der Genderaspekt anzusprechen. Die Ausprägungen der Gesundheitsbelastungen weisen je nach Geschlecht Unterschiede auf und die Art der Angebote im Rahmen des BGM werden von Männern und Frauen unterschiedlich genutzt. Vorliegende Studie zeigt, dass Frauen stärker in den untersuchten Bereichen „Somatische Beschwerden, Psychische Erschöpfung, Gereiztheit/Belastetheit, Psychische Befindens Beeinträchtigung" belastet sind als Männer. Auch die Studien von Kroll et al., 2011: „Arbeitsbelastungen und Gesundheit". Robert Koch-Institut (Hrsg.) und von Weyerer, Schäufele, 2009: „Herausforderung durch die Demenzkrankheiten: Epidemiologische Versorgungssituation, psychosoziale und ökonomische Folgen" fanden heraus, dass Frauen stärker in den vier oben genannten Gesundheitsindikatoren betroffen sind (Dietrich et al., 2015).

Die Modellschätzungen der Studie zeigen, dass vor allem die Anrechnung der Zeit für die Nutzung der Angebote des BGM als Arbeitszeit einen Einfluss auf die Motivation der Mitarbeiter hat, diese wahrzunehmen. Als häufigster Grund, warum die Angebote nicht genutzt werden, wurde „keine Zeit" und „finanzielle Gründe" angegeben. Bei der vorliegenden Studie gaben jedoch 75% an, dass die Maßnahmen als Arbeitszeit angerechnet werden und 88,4% sagten, dass die Kosten vom Arbeitgeber übernommen werden (Dietrich et al., 2015).

4.1.6 Kritik

An der vorliegenden Studie ist zu kritisieren, dass die Teilnahme der Untersuchung freiwillig war und deshalb gegebenenfalls Einrichtungen teilgenommen haben, deren Fokus auf der untersuchten Thematik liegt. Die Fragebögen wurden von den Einrichtungsleitern ausgeteilt und deshalb konnte die Stichprobe nicht beeinflusst werden. Aufgrund des Studiendesigns und der Methodik kann auf Basis der Ergebnisse auch nicht auf Ursache-Wirkungs-Zusammenhänge geschlossen werden, deshalb ist in Bezug auf kausale Interpretation der statistischen Ergebnisse Vorsicht geboten (Dietrich et al., 2015).

4.2 Arbeitsbelastungen der Pflegekräfte in der stationären Pflege

Wie einleitend schon erwähnt, herrscht vor allem in den Bereichen der Gesundheitsberufe ein hoher Fachkräftemangel, welcher durch die demographischen Entwicklungen weiter verschärft wird. Aufgrund rückläufiger Zahlen von Auszubildenden ist es eher unwahrscheinlich, dass eine Abdeckung durch verstärkte Neurekrutierung stattfindet, deshalb muss die Arbeitsfähigkeit der bestehenden Mitarbeiter ein wichtiger Ansatzpunkt sein. Belastungen von Mitarbeitern in stationären Pflegeeinrichtungen resultieren zum einen aus dem Inhalt ihrer Tätigkeit (Cichocki et al., 2015). Hohe Prävalenzen von Multimorbidität, chronische Erkrankungen, funktionale Einschränkungen und abnehmendes Wohlbefinden der zu Pflegenden führen zu einem verflochtenen Pflege- und Betreuungsbedarf. Die Konfrontation mit zunehmender Desorientierung, Aggressionen oder dem Tod tragen zusätzlich dazu bei, dass die Tätigkeit mit erheblichen körperlichen und psychischen Belastungen einhergeht (Haberstroh, 2008). Zum anderen spielen aber auch die Arbeitsbedingungen eine große Rolle und üben einen erheblicheren Einfluss auf die wahrgenommene Belastung der Pflegekräfte aus als der Arbeitsinhalt selbst. Laut durchgeführtem Stress-Monitorings der DAK und der BGW waren die Altenpfleger unter 23 Berufsgruppen die am höchsten Belastete Gruppe in Deutschland (30%) und lagen in allen abgefragten negativen und stressförderlichen Faktoren weit über dem Durchschnitt. Quantitative Arbeitsbelastungen zeigten sich durch den Faktor „Zeitdruck“ und „Arbeitspensum“. Durchschnittlich fühlten sich Altenpflegekräfte auch durch qualitative Aspekte ihrer Arbeit wie bspw. zu hohe Ansprüche an die Konzentrationsfähigkeit oder die Komplexität einzelner Arbeitsschritte belastet. (Berger et al., 2003).

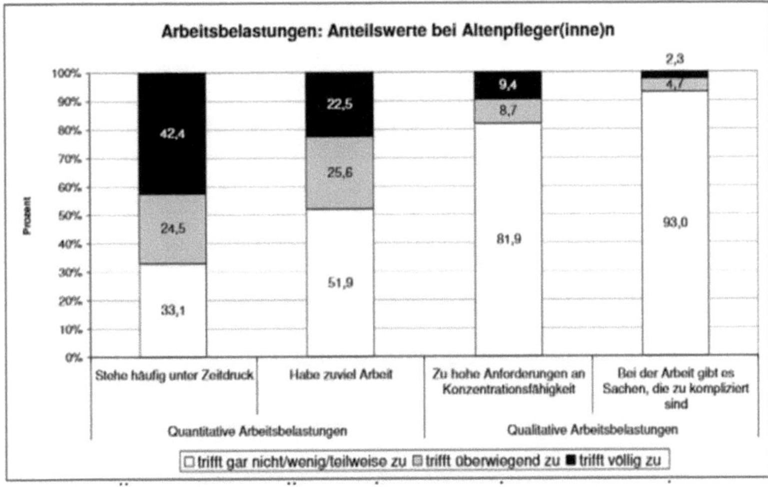

Abbildung 5 Arbeitsbelastungen bei Altenpflegern, Berger et al., 2003

4.3 Ressourcen der Pflegekräfte in stationären Pflegeeinrichtungen

Das durchgeführte Stress-Monitoring kam zu dem Ergebnis, dass einen positiven Einfluss auf das Belastungs- und Stresserleben die Kontrollmöglichkeiten, der Handlungsspielraum, Vielseitigkeit und Ganzheitlichkeit, sowie Information und Mitsprache haben. 38% der Befragten konnten ihre Arbeit nur in geringem Umfang selbst planen und knapp die Hälfte gibt an, dass sie über wichtige Vorgänge im Betrieb nicht ausreichend informiert wird (siehe Abb. 6). Zusammenfassend kann man sagen, dass die Aspekte der Arbeitsorganisation in engem Zusammenhang stehen mit der empfundenen Unzufriedenheit/Zufriedenheit der Mitarbeiter. Vor allem Mitbestimmung, Handlungsspielräume und gute Leitungsstrukturen wirken sich positiv auf die gesundheitliche Situation der Beschäftigten aus (Brause et al., 2010).

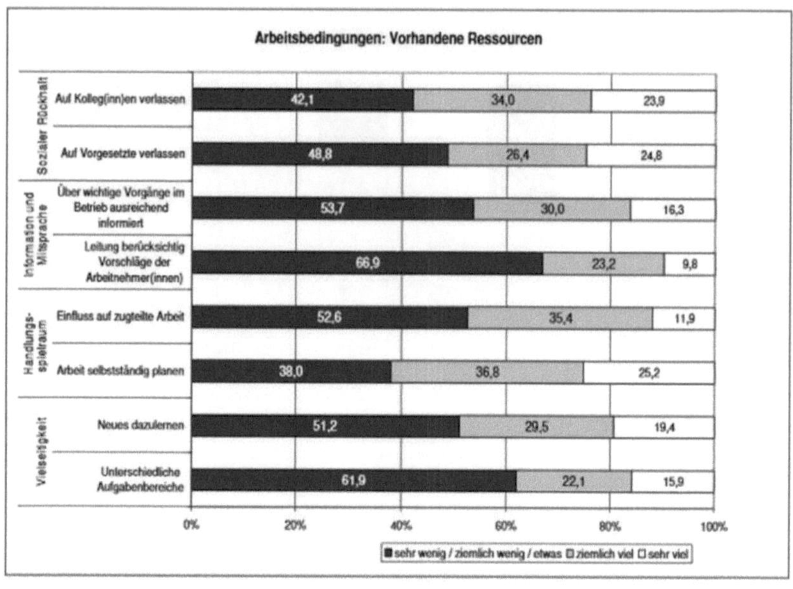

Abbildung 6 Ressourcen bei Altenpflegern, Berger et al., 2003

4.4 Umsetzung des BGM in der stationären Pflege

Die Umsetzung des Betrieblichen Gesundheitsmanagements erfolgt in vier Schritten: Diagnostik, Planung, Durchführung und Evaluation.

Bei der *Diagnostik* wird der gesundheitliche Status Quo der Mitarbeiter erhoben, welcher über Fehlzeiten, betriebsärztliche Untersuchungen oder Mitarbeiterbefragungen geschehen kann. Letztere müssen sich in allen Schritten (Durchführung und Auswertung) an wissenschaftlichen Standards orientieren.

Der zweite Schritt *„Planung"* besteht aus der Maßnahmenorganisation. Auf Grundlage der in Punkt eins erstellten Diagnosedaten werden geeignete Schritte ausgewählt, Verantwortlichkeiten festgelegt und Zeitpläne erstellt.

Im dritten Punkt der *Durchführung* der festgelegten Maßnahmen wird betrachtet, wie und unter welchen Voraussetzungen die Schritte ausgeführt werden.

Im letzten Schritt - *Evaluation* - bietet es sich an, eine erneute Erhebung der bereits gewonnenen Daten zu machen bspw. in Form einer wiederkehrenden Mitarbeiterbefragung. Durch die kontinuierliche Fortführung dieses Prozesses ist das Ergebnis der Evaluation jeweils zu Beginn des nächsten Zyklus die „Diagnose" (Badura et al., 2010).

Noch liegt keine einheitliche Richtlinie oder andere qualitätsorientierte Standardisierung des Betrieblichen Gesundheitsmanagements vor, jedoch existieren eine Fülle von Anbietern mit Strategien zu gesundheitsförderlichen Maßnahmen. Die in Kapitel 3 beschriebene GDA, die BGW oder die Krankenkassen geben Leitfäden für die Umsetzung der Gesundheitsförderung heraus, die sich mit einzelnen Aspekten der BGF befassen und Anleitung geben sollen. Wie diese Handlungshilfen in der Praxis genutzt werden und wie erfolgreich diese sind, ist bislang unklar. Größtenteils richten sich die Leitfäden auf die Veränderung der Arbeitsorganisation wie neue Schichtsysteme oder das Einführen von strukturierten Gesprächsformen. Auch Fortbildungen und Seminare werden angeboten, welche von Verhaltensprävention bis hin zur Kompetenzen Stärkung reichen (Brause et al., 2010).

Brause et al. beschreiben in dem Artikel „Gesundheitsförderung in der stationären Langzeitversorgung – Teil II“, welcher in der Veröffentlichungsreihe des Instituts für Pflegewissenschaft an der Universität Bielefeld erschienen ist, sehr genau, welche Praxisprojekte zur Gesundheitsförderung in stationären Pflegeeinrichtungen umgesetzt wurden. Die Absicht dieser Analyse von Praxisprojekten war es, einen Einblick der aktuellen Umsetzung der Betrieblichen Gesundheitsförderung bzw. des Betrieblichen Gesundheitsmanagements zu erhalten. Die Zielsetzung der Einrichtungen waren unterschiedlich und reichten von Arbeitszeitenorganisation bis hin zur Einführung eines BGM (Brause et al., 2010). Einzelne Projekte vorzustellen würde den Rahmen der vorliegenden Arbeit überschreiten, deshalb erfolgt hier lediglich der Hinweis, dass auch ohne einheitliche Richtlinie verschiedene Projekte zur Gesundheitsförderung der Mitarbeiter in stationären Einrichtungen stattfinden.

5 Betriebliches Gesundheitsmanagement im Demenz Zentrum XY

Wie Kapitel 4 darlegt, existiert keine deckungsgleiche Anordnung für das Betriebliche Gesundheitsmanagement. Der vorliegende Abschnitt befasst sich mit der Umsetzung von gesundheitsförderlichen Maßnahmen im Demenz Zentrum XY, wobei hier das Experteninterview mit Einrichtungsleiter K. ausgewertet wird. Das ganze Interview wird in Anhang 8 wiedergegeben. Vorangehend werden Hintergründe zur Einrichtung erläutert.

5.1 Hintergründe zum Betrieb

Im Demenz Zentrum XY werden ausschließlich dementiell und psychisch erkrankte Menschen begleitet, betreut und gepflegt. Die Einrichtung bietet Platz für knapp 65 stationär betreute Bewohner und ermöglicht eine kurzzeitige Betreuung für fünf Personen.

Das Haus wurde 1981 erbaut und 2004 komplett renoviert. Es richtet sich architektonisch nach den Bedürfnissen von Demenzpatienten wie bspw. einer nicht erkennbaren Eingangstür (mit Nummerncode versehen) und einem speziellen Lichtkonzept. Das Haus ist in drei Wohnbereiche aufgeteilt, welche nicht verschlossen sind. Die Bewohner können sich in der ganzen Einrichtung und im Garten frei bewegen, ohne das Gefühl des „eingesperrt seins" zu haben. Tiere, nichtmedikamentöse Therapie mittels Aromaölen oder Biographiearbeit sind nur einige Beispiele der angebotenen Betreuung.

2014 wurde das Haus mit dem Preis der Rudi Assauer Initiative ausgezeichnet, 2016 erhielt es die Focus Auszeichnung „Top Pflegeheim 2016" im größten Pflegeheimvergleich deutschlandweit und 2017 wurde die Einrichtung von der Deutschen Gesellschaft für Gerontopsychiatrie und – Psychologie mit dem Qualitätssiegel „Demenzsensible Einrichtung" bedacht (Niedermeier, 2017).

Im Demenz Zentrum XY arbeiten insgesamt rund 80 Mitarbeiter, davon ca. 45 in der stationären Pflegebetreuung, aufgeteilt auf die drei Wohnbereiche. In jedem Wohnbereich arbeitet mindestens eine gerontopsychiatrische Pflegefachkraft, und zu gleichen Teilen dreijährig ausgebildete Fachkräfte und einjährig geschulte Pflegehelfer. Zudem werden drei bis vier Mitarbeiter der Sozialen Betreuung pro Wohnbereich eingesetzt. Das Organigramm des Demenz Zentrums XY wird in Anhang 6 abgebildet.

5.2 Auswertung des Experteninterviews

Herr K. wurde in seiner Funktion als Einrichtungsleiter des Demenz Zentrums XY zur vorliegenden Thematik interviewt. Zu Beginn wurde festgestellt, dass es auch bei der Arbeiterwohlfahrt e.V. keine Richtlinie gibt, welche die Implementierung des Betrieblichen Gesundheitsmanagements einheitlich festlegt. Herr K. meinte, dass es im Ermessen eines jeden Einrichtungsleiters liegt, ob und wie weit er in gesundheitsförderliche Maßnahmen im Betrieb investiert. Die Fehlzeiten Quote lag im Zeitraum Januar 2016 – Juli 2016 beim gesamten Pflegepersonal bei 9,05% und konnte bis zum gleichen Zeitraum ein Jahr später auf 6,21% gesenkt werden (Rechner Fehlzeiten Quote siehe Anhang 7).

Dass so große Unterschiede zwischen den einzelnen Wohnbereichen herrschen (2017: Wohnbereich Erdgeschoß 26 Krankheitstage, Wohnbereich eins 142 Krankheitstage) führt der Einrichtungsleiter auf die Mitarbeiter zurück und nicht auf etwaige heterogene Verteilung der psychischen und physischen Belastungen: *„Die Arbeitsbelastungen sind in jedem Wohnbereich sehr ähnlich. Es liegt an den Mitarbeitern. Im ersten Stockwerk sind Beschäftigte, welche älter sind oder schon lange in der Pflege arbeiten und deshalb im Augenblick wegen Operationen oder Rehabilitationsaufenthalten längerfristig krankgeschrieben sind. Im gleichen Zeitraum vor einem Jahr waren es im Erdgeschoß beispielsweise 129 Tage, an denen Mitarbeiter krank gemeldet waren"* (K., 2017).

Im Laufe des Interviews wurden konkrete Maßnahmen in der Pflegeeinrichtung XY angesprochen und auch eine Unterscheidung hinsichtlich Verhaltens- und Verhältnisprävention getroffen. Maßnahmen, die auf verhaltenspräventiver Ebene passieren, sind im Demenz Zentrum XY bspw. ein ortsansässiges Fitnessstudio, eine wöchentliche Nordic Walking Gruppe oder eine Beteiligung beim alljährlichen „Geretsrieder Firmenlauf". Regelmäßige Besuche des Betriebsarztes im Haus hält Herr K. für selbstverständlich.

Herr K. erläuterte in Bezug zur Verhältnisprävention, dass sehr auf das Nichtraucherschutzgesetz geachtet wird: *„Bei uns im Haus darf man nur in den gekennzeichneten Raucherbereichen rauchen, um die Nichtraucher aktiv oder auch passiv nicht zu gefährden"* (K., 2017). Ergonomische Bürostühle, verschiedene Hautpflegeprodukte oder Arbeitshilfsmittel werden den Mitarbeitern zur Verfügung gestellt. Auch ein direkter Austausch zwischen den Führungskräften und den Arbeitnehmern wird gewährleistet. Einmal wöchentlich werden in der sogenannten „Mittwochsrunde" Informationen ausgetauscht, Konflikte besprochen und vorangegangene Zielsetzungen evaluiert. Auch die Vereinbarkeit von Familie und Beruf in Form von verschiedenen Arbeitszeitmodellen wird gewährleistet. Beispielsweise müssen die Mitarbeiter ab einem Alter von 55 Jahren nicht mehr im Nachtdienst arbeiten. Ebenso werden Ein-Schicht-Verträge angeboten. K.: *„Das betrifft vor allem Mütter mit jüngeren Kindern. Diese arbeiten oft im Frühdienst, da sie dann die Kinder vom Kindergarten oder der Schule abholen können. Auch haben wir eine Mitarbeiterin, die vormittags ihren pflegebedürftigen Mann versorgen muss und deshalb nur Spätdienste machen kann"* (K., 2017).

Ein weiterer Punkt im Interview war die Mitarbeitermotivation. Der Einrichtungsleiter stellte hierbei fest, dass die Beschäftigten eher unmotiviert sind, langfristig gesundheitsförderliche Maßnahmen anzunehmen. Gründe hierfür könnten laut K. familiär und zeitlich bedingt sein. Als Beispiel führt er die Schichtarbeit an. 90% der Mitarbeiter in der Pflege arbeiten mindestens im Zwei-Schicht-System und sind deshalb einer hohen Belastung ausgesetzt, welche auch für das Familienleben eine große Rolle spielt. Dieter K. nimmt an, dass die Beschäftigten deshalb lieber die knapp bemessene Freizeit mit ihrer Familie verbringen, als beispielsweise im Fitnessstudio. Herr K. erklärte, dass die AWO Oberbayern e.V. zum 01.08.2017 eine Gesundheitsmanagerin beauftragt hat, Grundzüge des BGM in Zukunft auf die AWO und ihre einzelnen Einrichtungen zu übertragen. Dies dürfte eine gute Grundlage bilden, dass das Thema BGM systematisch von der AWO angegangen und umgesetzt wird.

Zusammenfassend kann gesagt werden, dass im Demenz Zentrum XY verschiedene Projekte und Maßnahmen – seien es Maßnahmen auf verhaltens- oder verhältnispräventiver Ebene – umgesetzt werden, welche die Gesundheit der Mitarbeiter fördern. Problematisch ist hierbei jedoch nicht, dass es keine einheitliche Richtlinie für das BGM gibt oder der Akteur „Unternehmensleiter" keine konkrete Zielvorstellung hat. Die Motivation der Mitarbeiter, an gesundheitsförderlichen Maßnahmen mitzuwirken, scheint langfristig gerade in dieser Einrichtung gering zu sein. Warum dieser Umstand gegenwärtig ist, ist rein spekulativ und kann im Rahmen dieser Arbeit nicht verifiziert werden.

6 Schlussbetrachtung

Die Auswirkungen des demographischen Wandels zeichnen sich vor allem im Gesundheitswesen stark ab. Einerseits wird die zu pflegende Bevölkerungsgruppe immer älter und verursacht so mehr Kosten in diesem Bereich. Andererseits wird auch das Personal im Pflegebereich älter und krankheitsanfälliger. In dieser Branche ist es z.B. aus gesellschaftlichen oder finanziellen Gründen schwer, Auszubildende oder Fachkräfte zu werben und diese langfristig zu gewinnen. Daher müssen kurz- und mittelfristige Wege gefunden werden, die im Moment verfügbaren Mitarbeiter in dieser Branche gesundheitlich zu fördern.

Das Betriebliche Gesundheitsmanagement scheint der richtige Ansatz zu sein. Es vereint den Arbeits- und Gesundheitsschutz, die Betriebliche Gesundheitsförderung und das Betriebliche Eingliederungsmanagement. Das Konzept setzt nicht nur an der Veränderung der Arbeitsbedingungen (Verhältnisprävention) an, sondern auch an dem Verhalten des einzelnen Mitarbeiters bei und im Zusammenhang mit der Arbeit (Verhaltensprävention). In der Theorie werden mehrere Akteure wie bspw. die Unternehmensleitung oder Sicherheitsbeauftrage miteinbezogen, um das Konzept nach dem SMART-Prinzip im Unternehmen zu implementieren.

Eine große Rolle spielen hierbei auch die Mitarbeiter. Diese müssen miteinbezogen und motiviert werden, das Betriebliche Gesundheitsmanagement aktiv umzusetzen. Ist dieser Faktor nicht gegeben, kann kein BGM stattfinden.

In der stationären Pflegeeinrichtung XY. findet kein BGM in diesem Sinne statt, da keine einheitliche Richtlinie vorgegeben ist. Dem Einrichtungsleiter ist es selbst überlassen, in die Gesundheit seiner Mitarbeiter zu investieren. Trotz fehlendem Konzept werden Maßnahmen auf verhaltens- und verhältnispräventiver Ebene (z.B. Fitnessstudio, Arbeitshilfsmittel, gekennzeichnete Raucherbereiche, „Mittwochsrunde") angeboten, welche mehr oder weniger vom Personal angenommen werden. Oft scheitern gesundheitsförderliche Maßnahmen mehr an der fehlenden Motivation der Beschäftigten als an Fehlplanungen der Unternehmensleitung. Warum die langfristige Motivation der Mitarbeiter im Demenz Zentrum XY aber so gering ist, kann im Rahmen der Arbeit nicht behandelt werden.

Um die Motivation der Beschäftigten dort zu verbessern, könnten Überlegungen angestellt werden, das Pflegepersonal in gewisser Weise in die Entscheidungen über die Organisation und / oder Arbeit miteinzubeziehen, um die Identifikation mit jener zu fördern. Wie im theoretischen Teil schon aufgezeigt, dient gerade dieses Instrument nicht nur der Mitarbeiterzufriedenheit, sondern auch der Leistungssteigerung. Es ist zu erwarten, dass damit auch die Präsentismus-Quote zurückgeht.

Schlussendlich kommt die vorliegende Arbeit zum Ergebnis, dass das Konzept des BGM theoretisch eine solide Lösung für die beschriebenen Probleme im Gesundheitswesen darstellt. Sieht man das Konzept jedoch von der praktischen Seite (v.a. in beschriebener Einrichtung), so muss man feststellen, dass es Defizite im Bereich der einheitlichen Umsetzung und bei der Mitarbeitermotivation aufweist.

Die Probleme bei der praktischen Umsetzung wurden von der AWO Oberbayern e.V. erkannt, und hat mit der Beauftragung einer Gesundheitsmanagerin ab 01.08.2017 damit begonnen, die Schwierigkeiten zu beheben.

Anhang

Anhang 1: Interviewleitfaden

Einstiegsfragen

Organigramm bzw. Aufbau des Hauses, Mitarbeiterzahl

Fragenblock 1: BGM: Implementierung in der Pflegeeinrichtung XY

Seit wann hat die AWO in WOR das BGM implementiert?

Welche konkreten Umsetzungen passieren hierbei?

Welche Akteure spielen hierbei eine Rolle?

Wie sind die Krankheitszahlen?

Gibt es hierbei Vergleichswerte?

Warum gibt es Unterschiede?

Fragenblock 2: Verhältnisprävention in der Pflegeeinrichtung XY

Maßnahmen die auf der Ebene der Verhältnisprävention ansetzen?

Werden diese auch angenommen?

Fragenblock 3: Verhaltensprävention in der Pflegeeinrichtung XY

Maßnahmen die auf der Ebene der Verhaltensprävention ansetzen?

Werden diese auch angenommen?

Fragenblock 4: Weiterführende Fragen

Wie ist die Motivation der Mitarbeiter?

Subjektive Einschätzung: warum ist sie so gut/schlecht?

Welche Gründe sprechen für oder gegen eine einheitliche Richtlinie der AWO?

Dank

Anhang 2: Darstellung des Ganzheitlichen Betrieblichen Gesundheitsmanagements

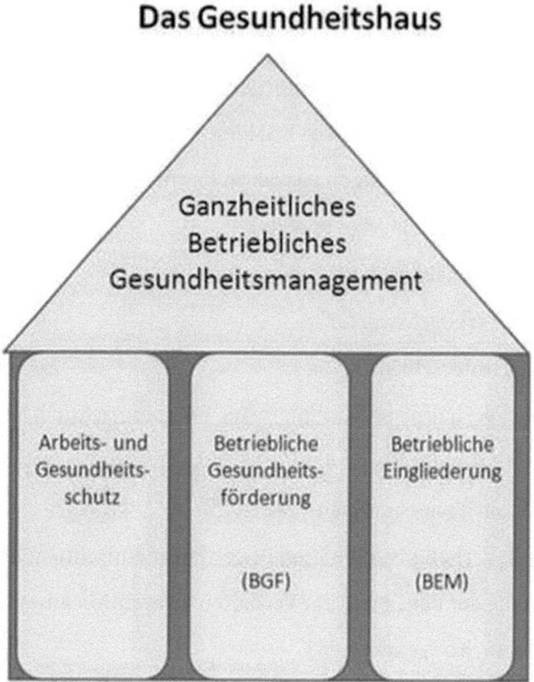

Quelle:

https://www.verdi.de/wegweiser/tarifpolitik/themen/gesundheitsschutz-gesundheitsmanangement/++co++9357e54c-c8bb-11e4-8e5f-52540059119e, (Kniesburges, Welzel, o.J.).

Anhang 3: Modell der Salutogenese von Antonovsky

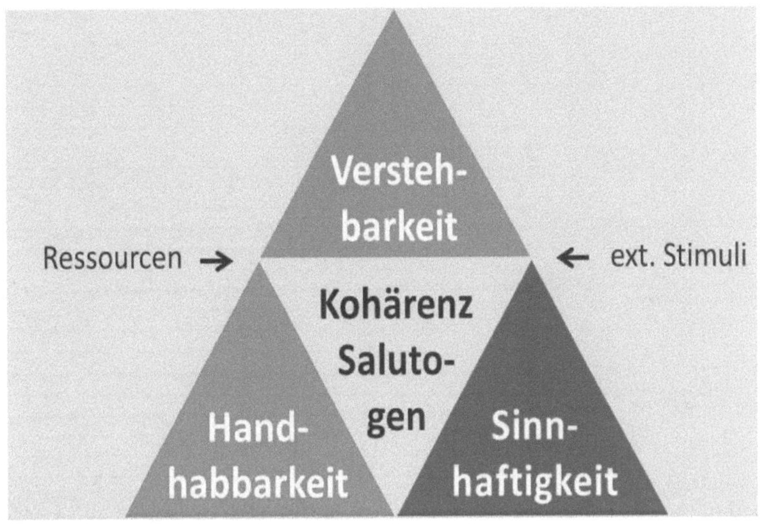

Quelle:
https://upload.wikimedia.org/wikipedia/commons/3/3a/Dreieck_der_Salutogenese.png.

Anhang 4: Soziodemographische Merkmale der Stichprobe

Variable	Ausprägung	Absolute Häufigkeit (n)	Relative Häufigkeit (%)
Alter[a] (Jahre)	16–20	18	2,3
	21–25	90	11,4
	26–30	87	11,0
	31–35	67	8,5
	36–40	64	8,0
	41–45	88	14,0
	46–50	167	*21,1*
	51–55	109	13,8
	56–62	79	9,9
	Keine Angabe	13	
Geschlecht	Männlich	128	16,0
	Weiblich	674	*84,0*
	Keine Angabe	3	
Anzahl Kinder	0	459	*57,6*
	1	158	19,8
	2	142	17,8
	≥3	38	4,8
	Keine Angabe	8	
Familienstand	Single/alleinlebend	182	22,8
	Verheiratet/in Partnerschaft	525	*65,7*
	Verwitwet/geschieden	92	11,5
	Keine Angabe	6	
Träger	Öffentlich	303	37,6
	Privat	323	*41,4*
	Freigemeinnützig	155	19,8
	Keine Angabe	24	
Station	Offen	444	*55,2*
	Geschlossen	299	37,1
	Auf beiden Stationen	62	7,7
Funktion	Examinierte Pflegekraft	494	*61,9*
	Pflegehilfskraft mit Pflegeausbildung	163	20,4
	Hilfskraft ohne Pflegeausbildung	141	17,7
	Keine Angabe	7	0,01
Vertrag	Unbefristet	660	*82,6*
	Befristet	139	17,4
	Keine Angabe	6	
Arbeitszeit	Geringfügige Beschäftigung	9	1,1
	Bis zu 10,0 h/Woche	6	0,7
	10,1–20,0 h/Woche	73	9,1
	20,1–30,0 h/Woche	200	24,9
	Mehr als 30 h/Woche	514	*64,1*
	Keine Angabe	3	
Verweildauer (Jahre)[b]	Weniger als ein Jahr	3	0,4
	1–5	197	24,5
	6–10	220	*27,5*
	11–15	156	19,5

Fortsetzung siehe nächste Seite

	16–20	111	13,9
	21–25	55	6,9
	26–30	30	3,7
	31–35	20	2,5
	35 und mehr	9	1,1
	Keine Angabe	4	

Tab. 2 (Fortsetzung)

Variable	Ausprägung	Absolute Häufigkeit (n)	Relative Häufigkeit (%)
Schicht	Kein Schichtdienst	61	7,6
	Zwei Schichten (nur Tagdienst)	399	49,8
	Drei Schichten oder mehr (mit ND)	341	42,6
	Keine Angabe	4	

Jeweils $n_{gesamt} = 805$
[a]Alter: M = 41,34, SD = 12,00
[b]Verweildauer im Beruf: M = 12,00, SD = 8,34

Quelle:

Dietrich, U. et al. (2015). "Betriebliches Gesundheitsmanagement in der Altenpflege". Prävention und Gesundheitsförderung 10(1): 3-10. Berlin/Heidelberg, Springer-Verlag.

Anhang 5: Stichprobenzusammensetzung, Operationalisierung der Variablen

Ebene	Variablenname	Operationalisierung/Bemerkung
1	Station	Offen, geschlossen, beides (eingesetzt in beiden Bereichen) (1 = nein, 2 = ja)
1	Alter	Lebensalter in Jahren
1	Männlich	Nein (weiblich = 1), Ja (männlich = 2)
1	Anzahl Kinder	Anzahl der im Haushalt lebenden Kinder: 1 Kind, 2 Kinder, ≥ 3 Kinder (≥3 Kinder) (1 = nein, 2 = ja)
1	Funktion	Examinierte Pflegefachkraft, PHK Ausbildung (Pflegehilfskraft mit abgeschlossener Ausbildung), HK ohne PBA (Hilfskraft ohne pflegerischen Berufsabschluss) (1 = nein, 2 = ja)
1	Gerontopsychiatrische Weiterbildung	Gerontopsychiatrische Weiterbildung (560 Unterrichtsstunden und 40 h Praktikum gemäß Verordnung zur Ausführung des Pflege- und Wohnqualitätsgesetzes (AVPfleWoqG)[a]) [1] (1 = nein, 2 = ja)
1	AZ > 30	Arbeitsvertraglich vereinbarte Arbeitszeit von ≥30 h/Woche (1 = nein, 2 = ja)
1	Schichten	Eine Schicht, 2 Schichten, 3 Schichten (1 = nein, 2 = ja)
1	Vertrag	Befristet, unbefristet (1 = nein, 2 = ja)
1	Angebote des BGM	(1 = nein, 2 = ja) Wenn ja: Stressbewältigung, Rückenschule, Sportangebote, Supervision, Teamberatung, Gesundheitszirkel, Fortbildungen zum Thema „Demenz", sonstige Gesundheitskurse, Sonstiges (1 = nein, 2 = ja), Mehrfachnennungen möglich
1	Anrechnung der für die Angebote des BGM aufgewendeten Zeit als Arbeitszeit	1 = nein, 2 = ja
1	Kostenübernahme durch den Arbeitgeber	1 = nein, 2 = ja
1	Häufigkeit der Nutzung der Angebote	Nein; ja, selten; ja, manchmal; ja, regelmäßig (1 = nein, 2 = ja). Wenn ja: Stressbewältigung, Rückenschule, Sportangebote, Supervision, Teamberatung, Gesundheitszirkel, Fortbildungen zum Thema „Demenz", Sonstige Gesundheitskurse, Sonstiges (1 = nein, 2 = ja), Mehrfachnennungen möglich
1	Nicht-Nutzung der Angebote	Wenn nein: Keine Zeit, Angebote sind nicht interessant, keine Lust, finanzielle Gründe, Sonstiges (1 = nein, 2 = ja), Mehrfachnennungen möglich
2	Entscheidungsspielraum	Skalen entnommen aus DigA [5]
2	Arbeitsinhalte	
2	Aufgabenbezogene Kommunikation	
2	Kommunikation/Konfliktbewältigung	
2	Vorgesetztenverhalten	
2	Zeitdruck	
2	Arbeitsplatzunsicherheit	
2	Information/Beteiligung	
2	Arbeitsorganisation	
3	Fluktuation	Abgangsrate von Personal zum Stichtag in %
3	Krankheitstage	Krankheitstage pro Kopf zum Stichtag
3	Überstunden	Überstunden pro Kopf pro Bereich im Durchschnitt zum Stichtag
3	Mitarbeiterjahresgespräche	Führen von strukturierten Mitarbeitergesprächen in der Einrichtung (1 = nein, 2 = ja)
3	Gefährdungsbeurteilung	Vorliegen einer Gefährdungsbeurteilung nach §§ 5 und 6 ArbSchG für alle Bereiche der Pflege und Betreuung (1 = nein, 2 = ja)
3	Personalschlüssel	1: XX; Die Festlegung des Personalschlüssels liegt in der Hoheit der einzelnen Bundesländer. In fast allen Bundesländern wurde zudem ein eigenes Heimgesetz mit Rahmenverträgen und unterschiedlichen Vorgaben zur Personalausstattung erlassen. Der Gesamtpersonalschlüssel einer Einrichtung ergibt sich aus dem Mittelwert

1 Individualebene (erhoben mit dem soziodemographischen Teil in den Fragebögen), *2* Stationsebene (erhoben mit dem „DigA"-Fragebogen), *3* Einrichtungsebene (erhoben mit den leitfadengestützten Experteninterviews)

[a]Verordnung zur Ausführung des Pflege- und Wohnqualitätsgesetzes (AVPfleWoqG) vom 27. Juli 2011, GVBl 2011, S. 346

Quelle:

Dietrich, U. et al. (2015). "Betriebliches Gesundheitsmanagement in der Altenpflege". Prävention und Gesundheitsförderung 10(1): 3-10. Berlin/Heidelberg, Springer-Verlag.

Anhang 6: Organigramm Pflegeeinrichtung XY

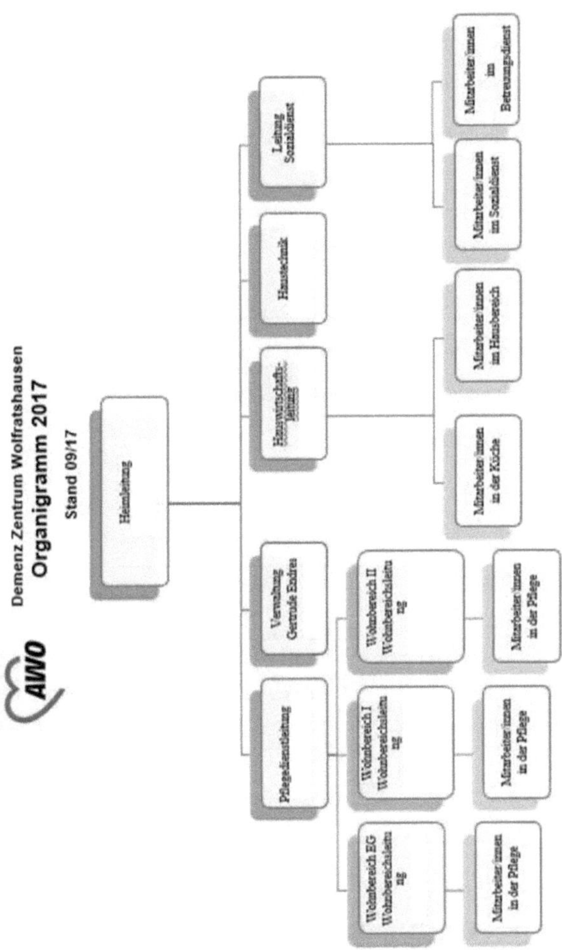

Quelle:

K., D. (2017). via E-Mail vom 9.10.17

Anhang 7: Rechner Fehlzeiten Quote Pflege

01/16 – 07/16

Soll AZ in Stunden	WB EG 129 Tage	14682,63
Krankheit in Stunden		1201,9
Soll AZ in Stunden	WB I 214 Tage	13327,8
Krankheit in Stunden		1546,4
Soll AZ in Stunden	WB II 146 Tage	13914
Krankheit in Stunden		1045,6

Gesamt-Soll AZ in Stunden: 41924,43

Gesamt Krankheit in Stunden: 3793,9

Krankheit in Prozent: 9,05%

01/17 – 07/17

Soll AZ in Stunden	WB EG 26	10794,4
Krankheit in Stunden		138
Soll AZ in Stunden	WB I 142	11012,4
Krankheit in Stunden		951
Soll AZ in Stunden	WB II 93	8274,4
Krankheit in Stunden		780

Gesamt-Soll AZ in Stunden: 30081,2

Gesamt Krankheit in Stunden: 1869

Krankheit in Prozent: 6,21%

Legende:

AZ = Arbeitszeit

WB = Wohnbereich

Quelle: K., D. (2017). Via E-Mail vom 10.08.17, eigene Darstellung

Anhang 8: Experteninterview mit Einrichtungsleiter Herr K. vom 08.08.2017

Ein Expertengespräch zwischen Herrn D.K. in seiner Funktion als Einrichtungsleiter des Demenz Zentrums XY und Frau Laetitia Wittmann. Der Einfachheit halber werden nachfolgend die Namen D.K. mit **DK** und Laetitia Wittmann mit **LW** abgekürzt.

Einleitung

Herr K., vielen Dank, dass Sie mir die Gelegenheit für dieses Interview geben. Ich schreibe derzeit meine Bachelorarbeit zum Thema: „Betriebliches Gesundheitsmanagement in der stationären Pflege – die Rolle von Verhaltens- und Verhältnisprävention am Beispiel des Demenz Zentrums XY". Ich freue mich, dass Sie als Einrichtungsleiter der Pflegeeinrichtung XY Zeit haben, einige Fragen zu beantworten. Das Experteninterview wird ungefähr 45 Minuten Ihrer Zeit in Anspruch nehmen.

In dem Interview geht es unter anderem darum, dass aus theoretischer Sicht das Konzept des Betrieblichen Gesundheitsmanagements in stationären Pflegeeinrichtungen sehr sinnvoll erscheint – mir stellt sich allerdings die Frage, ob es auch praktikabel ist. Gerne würde ich hierzu Ihre Meinung hören.

Selbstverständlich bekommen Sie vor Veröffentlichung der Bachelorarbeit das Interview in gedruckter Form zur Kontrolle zugeschickt.

Gesprächsverlauf des Experteninterviews

LW: Zu Beginn möchte ich Ihnen gerne ein paar allgemeine Fragen stellen. Wie ist das Haus aufgebaut und wie viele Mitarbeiter sind im Haus beschäftigt?

DK: Derzeit gehören ca. 80 Angestellte zur Einrichtung, die nicht nur in der Pflege, sondern auch im Sozialdienst, in der Küche, der Reinigung oder als Führungskraft arbeiten. Das Demenz Zentrum ist in drei Wohnbereiche unterteilt, in denen jeweils zwischen 22 und 26 Bewohner wohnen.

LW: Wie sieht die Einteilung der Führungsebenen aus?

DK: In den drei Wohnbereichen gibt es jeweils eine Wohnbereichsleitung. Diese ist direkter Ansprechpartner bei Problemen auf der Station. Als nächst höhere Stufe kommt die Pflegedienstleitung. Diese (und auch die Sozialdienstleitung (Ansprechpartner für das Personal der Sozialen Betreuung)) ist der Einrichtungsleitung unterstellt (Anm. d. Red.: Organigramm siehe Anhang 6)

LW: Gerade in unserer Einrichtung sind die Mitarbeiter einer hohen psychischen Belastung ausgesetzt. Das Betriebliche Gesundheitsmanagement, kurz BGM, hat den Sinn, die Gesundheit und Motivation der ArbeitnehmerInnen zu verbessern z.B. durch flexible Arbeitszeitmodelle, Arbeits- und Gesundheitsschutz oder Schulungen für Kinästhetisches Arbeiten. Seit wann hat die AWO das BGM implementiert und wie wird das Konzept konkret umgesetzt?

DK: Das Problem ist, dass es das BGM in der AWO Oberbayern noch gar nicht gibt. Erst seit dem 1.8.17 ist eine Gesundheitsmanagerin beim AWO Bezirksverband Oberbayern angestellt, welche das Konzept langfristig umsetzen soll.

LW: Das bedeutet also, dass es bisher keine konkrete und vor allem einheitliche Strategie der Arbeiterwohlfahrt gab, dass Wohl der Mitarbeiter zu fördern?

DK: Das ist absolut richtig.

LW: Können Sie mir sagen, wie viele Krankheitstage im Schnitt auf den Wohnbereichen das erste halbe Jahr 2017 anfallen?

DK: Das ist von Wohnbereich zu Wohnbereich unterschiedlich. Von Januar 2017 bis Juli 2017 waren es im Erdgeschoß beispielsweise nur 26 Tage. Im ersten Stock sind es aber 142 Tage.

LW: Wow, woher kommen die großen Unterschiede? Könnte es z.B. an „schwereren Bewohnern", also an einer höheren psychischen und physischen Belastung im ersten Stock liegen?

DK: Nein, das ist stark zu bezweifeln. Die Arbeitsbelastungen sind in jedem Wohnbereich sehr ähnlich. Es liegt an den Mitarbeitern. Im ersten Stockwerk sind Beschäftigte, welche älter sind oder schon lange in der Pflege arbeiten und deshalb im Augenblick wegen Operationen oder Rehabilitationsaufenthalten längerfristig krankgeschrieben sind. Im gleichen Zeitraum vor einem Jahr waren es im Erdgeschoß beispielsweise 129 Tage, an denen Mitarbeiter krank gemeldet waren.

LW: Wieviel Prozent der Zeit waren denn die Pflegekräfte insgesamt krank?

DK: Im Jahr 2016 waren es von Januar bis Juli 9,05% der Arbeitszeit. 2017 lag die Zahl bei 6,21%. (Anm. der Red.: Übersicht der Fehlzeiten Quote ist im Anhang 7)

LW: Ich arbeite nun schon seit neun Jahren in dieser Einrichtung und weiß, dass vieles getan wird, um die Gesundheit der Mitarbeiter zu verbessern. Wie kommt es dazu, dass trotzdem Rückenschulungen etc. angeboten werden?

DK: Nun, das liegt im Ermessen eines jeden Einrichtungsleiters. Die Initiative erfolgt von meiner Seite aus und da sowohl die Bewohner als auch die anderen Mitarbeiter und natürlich auch ich nur Vorteile daraus ziehen kann, wenn ich gesunde Arbeitnehmer habe, investiere ich gerne Geld in gesundheitsförderliche Maßnahmen. Die Kooperation mit dem Fitnessstudio beispielsweise kostet rund 15.000€ im Jahr.

LW: Würde in der Einrichtung das Betriebliche Gesundheitsmanagement greifen, würde man von Verhältnis- und Verhaltensprävention sprechen. Die Verhältnisprävention setzt bei den Arbeitsbedingungen an und ist durch das Arbeitsschutzgesetz geregelt. Welche Maßnahmen erfolgen hier von Ihrer Seite aus?

DK: Zuerst wäre hier das Nichtraucherschutzgesetz zu benennen. Bei uns im Haus darf man nur in den bestimmten Raucherbereichen, wie Garten oder Balkon rauchen, um die Nichtraucher aktiv oder auch passiv nicht zu gefährden. Dann haben wir vor zwei Jahren ergonomische Bürostühle gekauft, welche sich individuell an den jeweiligen Mitarbeiter anpassen lassen können. Dass wir sämtliche Hautschutzprodukte von verschiedenen Firmen anbieten oder viele Hilfsmittel zum Beispiel zum Transfer der Bewohner haben, muss ich nicht extra betonen. Wir haben auch seit Jahren die „Mittwochsrunde". Hier treffen sich alle Schichtleitungen (Anm. d. Red.: verantwortliche Pflegefachkraft im Dienst) und Führungskräfte einmal wöchentlich, um eine Informationssymmetrie herzustellen oder um Konflikte zu besprechen und auch zu lösen. Das wirkt sehr stressbewältigend, wenn man offen miteinander reden kann.

LW: Bieten Sie Arbeitszeitmodelle an, welche gerade auch den älteren Mitarbeitern zugutekommen?

DK: Ja, bei uns ist es so, dass man ab 55 Jahren keinen Nachtdienst mehr machen muss. Wer natürlich will, kann dies gerne machen, ist aber kein Muss.

LW: Ach, also kann es passieren, dass ich mich in der AWO in Sauerlach bewerbe und der Einrichtungsleiter möchte, dass ich bis 63 Jahren Nachtdienste mache?

DK: Genau! Mir ist aber auch die Vereinbarkeit von Familie und Beruf wichtig. Wir haben viele Mitarbeiter, die nur eine Schicht arbeiten. Das betrifft vor allem Mütter mit jüngeren Kindern. Diese arbeiten oft im Frühdienst, da sie dann die Kinder vom Kindergarten oder der Schule abholen können. Auch haben wir eine Mitarbeiterin, die vormittags ihren pflegebedürftigen Mann versorgen muss und deshalb nur Spätdienste machen kann. Wenn Sie also in Sauerlach arbeiten und ein

Kind haben oder Angehörige pflegen, kann es sein, dass das nicht so gut funktioniert, wie in XY.

LW: Kommen wir zurück zum Betrieblichen Gesundheitsmanagement. Auch die Verhaltensprävention spielt in dem Konzept eine wichtige Rolle. Dieser Punkt betrifft die Prävention im Hinblick auf das Verhalten des einzelnen Mitarbeiters bei und im Zusammenhang mit der Arbeit. Ich habe vorhin schon die Rückenschulung angesprochen, aber da passiert noch viel mehr.

DK: Das ist richtig. Es gibt beispielsweise eine Kooperation mit einem ortsansässigen Fitnessstudio. Die ArbeitnehmerInnen zahlen einen geringen Betrag im Monat und können dort alle Vorteile des Studios nutzen. Die von Ihnen genannte Rückenschulung hatte leider nicht so viel Erfolg...

LW: Auf die Motivation der MitarbeiterInnen komme ich gleich noch zu sprechen! Zurück zur Verhaltensprävention. Ich sehe beispielsweise immer dienstags eine Nordic Walking Gruppe im Hof.

DK: Ja, genau. Wir haben inzwischen eine fest etablierte Nordic Walking Gruppe, die einmal wöchentlich zusammenkommt und Sport macht. Auch beim Firmenlauf in München und Geretsried sind wir regelmäßig mit fünf bis zehn Läufern vertreten. Dass unser Betriebsarzt regelmäßig ins Haus kommt und sowohl Beratungsgespräche jeglicher Art als auch arbeitsmedizinische Vorsorgen wie bspw. Impfungen durchführt, ist für mich selbstverständlich.

LW: Würde im Haus das BGM implementiert sein, gäbe es verschiedene Akteure, welche für den reibungslosen Ablauf zuständig wären. Da Sie von sich aus schon ziemlich viel für die Gesundheit Ihrer Mitarbeiter tun, würde ich gerne wissen, ob Sie sich als ein solches „Zahnrad" sehen und wenn ja – warum?

DK: Nun, ich als Einrichtungsleiter bin schon ein Akteur und in unserer Situation (Anm. der Red.: keine feste Richtlinie von der AWO Oberbayern vorgeschrieben) sozusagen alleine verantwortlich für die Gesundheit meiner Mitarbeiter. Ich stelle Ressourcen zur Verfügung, sorge für transparente Abläufe (Anm. der Red.: Informationsweitergabe) und koordiniere beispielsweise den Sicherheitsbeauftragten oder den Betriebsarzt.

LW: Sie haben vorher die Rückenschulung angesprochen. Diese war als Entspannungstraining und Bewegungsangebot gedacht, wurde aber kaum von den Angestellten angenommen. Wie genau lief das ab?

DK: Vor ca. zwei Jahren haben wir eine externe Fitnesstrainerin engagiert, die einmal wöchentlich kostenlose Kurse zur Rückenstärkung im Haus gibt. Die Motivation der Mitarbeiter war die ersten drei oder vier Wochen sehr hoch, hat aber stark nachgelassen, sodass wir nach sechs Monaten den Kurs abbrechen mussten.

LW: Es ist erstaunlich, dass ein solches Angebot nicht längerfristig wahrgenommen wird. Das bringt mich gleich zum nächsten Thema und zwar zur Mitarbeitermotivation. Wie sehen Sie die Motivation der Arbeitnehmer in Bezug auf die Erhaltung der eigenen Gesundheit bzw. welche Erfahrungen haben Sie gemacht?

DK: Derzeit sind rund 80 Angestellte in unserer Einrichtung beschäftigt. 26 davon gehen regelmäßig, also mindestens einmal wöchentlich, ins Fitnessstudio. Hier ist die Motivation der Mitarbeiter schon hoch – immerhin besteht die Kooperation mit den verschiedensten Fitnessstudios seit durchgehend 14 Jahren. Auf der anderen Seite stelle ich fest, dass die meisten Angebote eher spärlich wahrgenommen werden. Fortbildungen zu kinästhetischem Arbeiten, die vorhin genannte Rückenschulung oder auch Rehabilitationsangebote in Folge des Betrieblichen Eingliederungsmanagements werden fast nie genutzt.

LW: Was genau meinen Sie mit Rehabilitationsangeboten in Folge des Betrieblichen Eingliederungsmanagements?

DK: Ich bin als Arbeitgeber zu einem Betrieblichen Eingliederungsmanagement verpflichtet, wenn ein Angestellter innerhalb eines Jahres länger als sechs Wochen ununterbrochen arbeitsunfähig war. Der betroffene Mitarbeiter wird dann schriftlich zu einem Gespräch eingeladen, um die Ursachen der Erkrankung zu klären und im zweiten Schritt Maßnahmen für eine Gesundheitsförderung zu finden. Das kann beispielsweise in Form einer Rehabilitation sein, ein Kur-Aufenthalt oder eine Arbeitsplatzveränderung. Die Entscheidung, ein Gespräch zu führen, ist jedoch freiwillig und ist jedem Betroffenen selbst überlassen. Ich hatte schon mehrmals den Fall, dass der arbeitsunfähige Mitarbeiter die Chance auf ein Gespräch beziehungsweise gesundheitsfördernde Maßnahmen abgelehnt hat. Es ist mir ein Rätsel, denn das BEM ist nicht nur mir, sondern auch dem Arbeitnehmer von großem Nutzen. Es kann vor Arbeitslosigkeit, dauerhafter Krankheit oder auch Frührente schützen.

LW: Gibt es noch weitere Beispiele die aufzeigen, dass das Angebot von Ihrer Seite aus da ist, aber einfach nicht genutzt wird?

DK: Ja, es gibt noch viele Beispiele hierfür. Wir haben mehrere schwer übergewichtige Angestellte. Einigen wurde in Absprache mit dem Betriebsarzt und der

Volkshochschule eine Ernährungsberaterin zur Seite gestellt und ein Kurs zur ausgewogenen Ernährung angeboten. Auch dieser Vorschlag wurde abgelehnt. Sogar mit Hypnosesitzungen wurde versucht, die MitarbeiterInnen zu motivieren. Leider wurde auch dies nicht angenommen.

LW: Warum ist die Motivation der Mitarbeiter so gering, die zahlreichen Angebote anzunehmen?

DK: Das kann ich leider nicht beantworten. Interessant ist auch, dass zum Beispiel diejenigen MitarbeiterInnen die Fitnessstudio Kooperation annehmen, die körperlich fitter sind als diejenigen, die ihre Gesundheit bis dato eher vernachlässigt haben, sag ich mal salopp. Wie man die anderen Mitarbeiter motiviert, habe ich noch nicht herausgefunden. Eventuell ist die Hemmschwelle zu hoch.

LW: Was könnte noch dazu beitragen, dass die Mitarbeiter eher unmotiviert sind, ihre eigene Gesundheit an die erste Stelle zu setzen und das Wohlbefinden zu fördern?

DK: Ich denke, dass die Situation außerhalb der Arbeit, also das familiäre Umfeld eine wichtige Rolle spielt. Die Schichtarbeit ist schon eine Belastung für die Familie, da kann ich nachvollziehen, dass die Mitarbeiter ihre Freizeit eher mit dem Partner und den Kindern verbringen, als im Fitnessstudio. Die Rückenschule wurde beispielsweise nachmittags um 14 Uhr angeboten, weil um diese Zeit das meiste Personal im Haus ist. Mütter haben aber das Problem, dass um diese Zeit oft schon das Kind vom Kindergarten abgeholt werden muss, oder von der Schule heimkommt. Dann kommt noch die psychische Belastung in dem Beruf dazu. Unsere Bewohner sind bisweilen nicht immer einfach, 90% der Mitarbeiter sind im Schichtdienst eingeteilt und als Pflegekraft trägt man eine große Verantwortung im Dienst. Als Auszubildender kommt noch die Sorge dazu, ob man die Prüfungen schafft oder ob die finanziellen Mittel ausreichen, um über die Runden zu kommen. Ich kann verstehen, wenn man nach der Arbeit einfach nach Hause möchte und nichts mehr von „Gesundheit“ hören will.

LW: Herr K., vielen Dank für Ihre Zeit und das offene Gespräch. Sollten noch Fragen auftreten, komme ich gerne auf Sie zurück.

DK: Vielen Dank.

Literaturverzeichnis

Atteslander, P. (2003). "Methoden der empirischen Sozialforschung". Berlin, Walter de Gruyter Verlag.

Au, M., Sohn, D. (Hrsg.), (2017). "Führung und Betriebliches Gesundheitsmanagement". Berlin, Erich Schmidt Verlag.

Badura, B. et al. (1999). "Betriebliches Gesundheitsmanagement - ein Leitfaden für die Praxis". o.O. Edition Sigma.

Badura, B. et al. (2010). "Betriebliche Gesundheitspolitik - Der Weg zur gesunden Organisation". Berlin/Heidelberg, Springer-Verlag.

Bendig, H. et al. (2016). "Initiative Gesundheit und Arbeit - Psyche und Gesundheit im Erwerbsleben." Iga.Report. Berlin

Berger, J. et al. (2003). "Altenpflege. Arbeitsbedingungen und Gesundheit von Pflegekräften in der stationären Altenpflege." BGW-DAK Gesundheitsreport, Hamburg.

Bode, I. (2012). "Betriebliche Gesundheitsförderung - Der Beitrag von Work-Life-Balance Konzepten". Hamburg, Diplomica Verlag GmbH.

Bogner, A. et al. (2005). "Das Experteninterview. Theorie, Methode, Anwendung". Wiesbaden, VS Verlag für Sozialwissenschaften.

Bogner, A., Menz, W. (2005). "Expertenwissen und Forschungspraxis: die modernisierungstheoretische und die methodische Debatte um die Experten - Zur Einführung in ein unübersichtliches Problemfeld. In: Bogner et al.: "Das Experteninterview - Theorie, Methode, Anwendung". Wiesbaden, VS Verlag für Sozialwissenschaften, GWV Fachverlage GmbH.

Brause, M. et al. (2010). "Gesundheitsförderung in der stationären Langzeitversorgung–Teil II". Institut für Pflegewissenschaft an der Universität Bielefeld, Bielefeld.

Bundesagentur für Arbeit (2011). aus: https://statistik.arbeitsagentur.de/Statischer-Content/Arbeitsmarktberichte/Branchen-Berufe/generische-Publikationen/Gesundheits-und-Pflegeberufe-Deutschland-2011.pdf. Letzter Zugriff: 5.10.17

Bundesagentur für Arbeit (2017). aus: https://statistik.arbeitsagentur.de/Statischer-Content/Arbeitsmarktberichte/Personengruppen/generische-Publikationen/Aeltere-amArbeitsmarkt-2015.pdf. Letzter Zugriff: 5.10.17

Bundeszentrale für politische Bildung (2009). aus: http://www.bpb.de/apuz/31902/atypische-beschaeftigungsverhaeltnisse-formen-verbreitung-soziale-folgen?p=all. Letzter Zugriff: 5.10.17

Cichocki, M. et al. (2015). "Gesundheit am Arbeitsplatz in der stationären Altenbetreuung". Prävention und Gesundheitsförderung 10(3): 206-211.

DAK-Gesundheit (Hrsg.), (2015). "Pflege-Report". Hamburg.

DAK-Gesundheitsreport (Hrsg.), (2015). "Krankenstand nach Branchen". Hamburg.

Dietrich, U. et al. (2015). "Betriebliches Gesundheitsmanagement in der Altenpflege". Prävention und Gesundheitsförderung 10(1): 3-10. Berlin/Heidelberg, Springer-Verlag.

Europäische Kommission (2017). "Sicherheit und Gesundheitsschutz am Arbeitsplatz." aus: http://ec.europa.eu/social/main.jsp?catId=148&langId=de. Letzter Zugriff: 5.10.17

Flick, U. (2007). "Qualitative Sozialforschung - Eine Einführung". Reinbek, Rowohlt Taschenbuch Verlag.

Haberstroh, J. (2008). "Berufliche psychische Belastungen, Ressourcen und Beanspruchung von Altenpflegern in der stationären Dementenbetreuung". Berlin, Logos.

Hurrelmann, K., Altgeld, T. (Hrsg.) (2007). "Lehrbuch Prävention und Gesundheitsförderung". Bern, Huber Verlag.

K., D. (2017). Aus dem Experteninterview vom 8.8.17 im Rahmen der vorliegenden Bachelorthesis. Ganzes Interview im Anhang 8

Kiesche, E. (2013). "Betriebliches Gesundheitsmanagement". Frankfurt am Main, Bund-Verlag GmbH.

Kniesburges, M., Welzel, P. (o.J.). "Das Gesundheitshaus." aus: https://www.verdi.de/wegweiser/tarifpolitik/themen/gesundheitsschutz-gesundheitsmanangement/++co++9357e54c-c8bb-11e4-8e5f-52540059119e. Letzter Zugriff: 5.10.17

Krohwinkel, M. (1992). "Der pflegerische Beitrag zur Gesundheit in Forschung und Praxis". in. Schriftenreihe des Bundesministerium für Gesundheit. Baden-Baden, Nomos Verlag,.12.

Lorenz, R. (2016). "Salutogenese Grundwissen für Psychologen, Mediziner, Gesundheits- und Pflegewissenschaftler". München – Basel, Ernst Reinhardt Verlag.

Mayring, P. (2008). "Qualitative Inhaltsanalyse - Grundlagen und Techniken". Weinheim und Basel, Beltz Verlag.

Meuser, M., Nagel, U. (2005). "Experteninterviews - vielfach erprobt, wenig bedacht - Ein Beitrag zur qualitativen Methodendiskussion. In: Bogner et al.: "Das Experteninterview - Theorie, Methode, Anwendung". Wiesbaden, VS Verlag für Sozialwissenschaften, GWV Fachverlage GmbH.

Niedermeier, A. (2017). aus: http://www.awo-obb-senioren.de/unsere-einrichtungen/ueber-uns/. Letzter Zugriff: 5.10.17

Reuber, P. et al. (2013). "Methoden der empirischen Humangeographie. Beobachung und Befragung". Braunschweig, Westermann Verlag.

Rheinisch-Westfälisches Institut für Wirtschaftsforschung (2011). "Faktenbuch Pflege - Die Bedeutung privater Anbieter im Pflegemarkt". Essen, rwi.

Statistisches Bundesamt (2012). "Demenz in der Altersgruppe der 65-Jährigen und Älteren in Deutschland, 2000-2050". AOK-Leistungsdaten.

Webster, J., Watson R. (2002). "Analyzing the past to prepare for the future: writing a literaure review". MIS Quarterly. University of Minnesota. 26(2).

WHO (World Health Organisation) (1986). "Ottawa Charta".

Wikipedia (2017). aus: https://de.wikipedia.org/wiki/Experte. Letzter Zugriff: 5.10.17

Wikipedia (2017). aus: https://upload.wikimedia.org/wikipedia/commons/3/3a/Dreieck_der_Salutogenese.png. Letzter Zugriff: 8.10.17

Zurhorst, G., Gottschalk-Mazouz, N. (2008). "Krankheit und Gesundheit". aus: http://www.vr.de/de/krankheit_und_gesundheit/t0/1002932/print/9783525451748.pdf. Letzter Zugriff: 5.10.17